U0725258

我国高校教育管理创新研究

张俊杰◎著

中国纺织出版社有限公司

内 容 提 要

本书采取专题的方式呈现了我国高校教育管理的重要性和前沿问题，重点对我国高校的教育管理与党建、教师民主参与、博士后管理、学生助理管理、教育管理模式、大数据的融合、教育管理法治化、课程思政建设、智库建设等，从内在逻辑、现实问题和完善路径方面进行深入探讨和细致剖析。每个专题后附有案例研究，通过实践案例分析，对内在的问题进行检视，并提出了解决方法，帮助读者全面了解和把握我国高校教育管理的本质和创新路径。

本书可供高校教育管理工作者学习参考，也可作为相关领域研究人员的参考书。

图书在版编目（CIP）数据

我国高校教育管理创新研究 / 张俊杰著. -- 北京：中国纺织出版社有限公司，2024.4

ISBN 978-7-5229-1608-8

Ⅰ.①我… Ⅱ.①张… Ⅲ.①高等学校－教育管理－研究－中国 Ⅳ.①G649.2

中国国家版本馆 CIP 数据核字（2024）第 069047 号

责任编辑：朱利锋　责任校对：寇晨晨　责任印制：王艳丽

中国纺织出版社有限公司出版发行
地址：北京市朝阳区百子湾东里A407号楼　邮政编码：100124
销售电话：010—67004422　传真：010—87155801
http://www.c-textilep.com
中国纺织出版社天猫旗舰店
官方微博 http://weibo.com/2119887771
天津千鹤文化传播有限公司印刷　各地新华书店经销
2024年4月第1版第1次印刷
开本：710×1000　1/16　印张：9.5
字数：150千字　定价：72.00元

前　言

随着教育事业的发展，我国高等教育面临着许多挑战和机遇，而高校教育管理是其中的重要内容。我国高校教育管理研究一直以来是一个备受关注且引起广泛讨论的话题。基于此，本书围绕我国高校教育管理创新进行深入探讨和研究，目的是让读者对高校教育管理有更加全面的了解，并促进对该领域的思考和进一步研究。

作为高校教育管理工作者，我对高校教育管理抱有浓厚的兴趣，并且一直以来都在从事相关的实践和研究工作。希望通过本书能够将自己对我国高校教育管理的研究成果与读者分享，以期能够对读者在该领域的学习和实践有所帮助，也希望能够激发读者的进一步思考和探索。本书的撰写得益于众多学者、专家和实践者的研究和经验，同时也受到了读者宝贵意见和建议的影响。在此，我要向所有为本书提供支持和帮助的人员表示由衷的感谢。

本书通过专题研究的方式予以呈现，分别介绍了高校教育管理中党建引领的实践创新，中国式教育管理现代化的改革发展，高校教师民主参与教育管理的实现方式，高校博士后的教育管理制度研究，高校学生助理教育管理制度研究，大数据背景下的高校教育管理模式变革，高校教育管理法治化的实现路径，课程思政建设背景下高校教育管理的改革与创新，高校教育管理与智库建设。

由于本人水平所限，书中难免存在疏漏和不妥之处，欢迎各位读者给予批评、指正。

张俊杰

2024 年 1 月于天津

目　录

专题一　高校教育管理中党建引领的实践创新

　　本专题主要通过研究党建引领高校教育管理的历史经验，党建引领高等教育管理的主要模式，党建引领高等教育管理的实现机制，党建引领高等教育管理的创新路径等四个方面，来对党建在高校教育管理中的作用进行分析和解读，提出新时代我国高校在践行立德树人主要任务的同时，以党建促进教育管理，以教育管理来反馈党建的生动局面，为培养更多优秀人才贡献力量。

　　高校党建包括党建与大学生思政教育两个部分，在高校教育管理中具有龙头地位和作用。而教育管理与高校内部各项工作能否有序进行，是高校将人才培养任务落到实处的必要前提与基础条件❶。教育管理是高校实现立德树人任务的重要途径，同时也是落实党的教育方针和提升大学生综合素质的关键环节。面对新的历史时期和"人才强国"战略的推进，高校需要不断创新和改进教学管理工作，以适应新的挑战和要求。在完善教育教学体系的基础上，高校可以通过加强党建引领，发挥党组织在教育教学中的战斗堡垒作用，推动教学管理工作的创新发展。

　　具体来说，高校可以采取以下措施：强化思想引领，回答"为什么学"的问题。高校可以通过开设思想政治理论课程、举办形势政策报告会等方式，引导学生深入学习党的理论、方针政策和国家发展战略，明确学习目的和意义，激发学生的学习动力和热情。深化课程改革，回答"学什么"的问题。高校可以结合国家发展战略和市场需求，优化课程设置，增加交叉学科和前沿课程，培养学生的综合素质和创新能力。同时，高校还可以通过开展社会实践、志愿服务等活动，拓展学生的实践能力和社会责任感。创新教学方式，回答"怎么学"的问题。高校可以引入先进的教学方式，如在线课程、翻转课堂等，引导学生自主学习和思考，提高学生的学习效果和学习质量。同时，高校还可以通过开展科研训练、创新实践等

---

❶　王云，丁元. 高校教育管理中的党建价值功能及其实现路径 [J]. 湖北开放职业学院学报，2022（23）：106–108.

活动，培养学生的创新思维和实践能力。

一、党建引领高校教育管理的历史经验

高等教育管理的目标是根据教育发展的自身规律和提升高校内部管理水平的基本要求，构建高等教育各利益主体的新型关系，推进高等教育的"管办评"分离❶，建立科学高效且完备的制度体系，形成方向明、道路宽、动力足、前景好的法治化高等教育。提高高校党建质量、强化党对高校的全面领导，是推进我国高等教育管理的支撑点。新中国成立以来，我国高校党建工作形成的丰富经验是新时代优化高等教育管理体系、提升高等教育管理能力的宝贵财富。

1. 党建引领推动了高校教育管理的历史发展

（1）第一个阶段：新中国成立后到改革开放。党对高校的全面领导经历了探索调整、确立发展再到改进加强的过程。1950年8月，教育部颁布了《高等学校暂行规程》，规定"大学及专门学院采取校（院）长负责制"，党组织在政治上起核心作用。1953年前后，全国201所高等院校中，48所没有党员校（院）长❷，但同时也在探索高校党的领导体制的建设，选择了部分高校试行党委制❸。1958年9月，《中共中央、国务院关于教育工作的指示》规定，"一切教育行政机关和一切学校，应该受党委的领导。""在一切高等学校中，应当实行学校党委领导下的校务委员会负责制。"二级学院（系）也相应实行了党总支（支部）委员会领导下的院（系）务委员会负责制。1961年9月，《教育部直属高等学校暂行工作条例（草案）》进一步强调了学院（系）党组织对教学科研行政工作的监督保证作用。

（2）第二个阶段：改革开放以后到2000年左右。1978年10月，教育部印发《关于讨论和试行〈全国重点高等学校暂行工作条例〉（试行草案）的通知》，高等学校实行"党委领导下的校长分工负责制"，强化党委领导，加强马克思主义理论教育，重建思想政治工作队伍。试行高校二级

❶ 袁贵仁. 深化教育领域综合改革加快推进教育治理体系和治理能力现代化：在2014年全国教育工作会议上的讲话［J］. 人民教育，2014（5）：7-16.

❷ 李向勇. 建党百年来高校党建历史进程与基本经验［J］. 毛泽东研究，2021（3）：90-100.

❸ 顾海良，罗永宽. 高校党的领导体制建设研究［M］. 北京：中国文史出版社，2011：26.

学院实行党组织领导下的院长（系主任）负责制，同时要求学院（系）党组织全面领导院（系）工作。随着"科技是第一生产力"的深入人心以及科教领域的迅猛发展，党政职责不清、党委陷入具体事务❶等问题也逐渐显现。1990年4月，党中央召开第一次全国高校党的建设工作会议，特别强调党对高校领导的紧迫性。同年7月，《中共中央关于加强高等学校党的建设的通知》决定在高等院校实行党委领导下的校长负责制，并特别强调"无论实行何种领导体制，党委都是学校的政治核心，全面领导思想政治工作"。该通知明确了党委政治核心的地位以及领导思想政治工作、管理干部的职责，同时要求党委"力戒包揽行政事务"。在今后一个相当长的时期，高等学校仍然实行党委领导下的校长负责制。

（3）第三个阶段：2000年以后。1998年8月通过的《中华人民共和国高等教育法》明确规定，国家举办的高等学校实行中国共产党高等学校基层委员会领导下的校长负责制，高校在党委的领导下积极推进高校党组织的自身建设，健全了政工机构，建立了大学生的思想政治教育新体系，通过实行教学、科研、生产三结合来贯彻党的教育方针，首次以法律的形式确定了党对高校进行全面领导的制度。高等教育管理早期发展的这段历史清楚地昭示出一个事实：高校党建工作遭到破坏的过程就是我国高等教育发展遭受严重损失的过程；高校党建工作正常开展的过程就是我国高校发展井然有序的过程，中国高等教育不能脱离中国共产党的领导❷。

2. 党建引领推动了高校教育管理理论和实践的创新

在制度建设方面：我国不断健全和完善高等教育相关法律法规。随着教育事业突飞猛进的发展，高等教育管理也越来越复杂多元，需要进一步厘清政府、高校与社会的关系，需要进一步构建高校教育管理主体的内在关系，需要进一步发挥高校在内部管理理论建设和制度建设过程中的主动性和创造力。政府也越来越意识到需要从顶层设计上保障高校开展高等教育内部管理的创造力，并激发其积极性。比如，2012年教育部颁布实施《高等学校章程制定暂行办法》，2015年和2018年两次修订《中华人民共

---

❶ 陈正华. 中国高等教育治理：现实还是理想？［J］. 高教探索，2006（4）：4-8.

❷ 2018年9月10日，备受瞩目的全国教育大会在京召开，习近平总书记发表重要讲话，鲜明提出九个坚持，深刻阐释教育的首要问题，强调全面建设社会主义现代化强国对教师队伍建设提出新的更高要求。

和国高等教育法》，2015 年制定《关于深入推进教育管办评分离　促进政府职能转变的若干意见》，2017 年下发《教育部等五部门关于深化高等教育领域简政放权放管结合优化服务改革的若干意见》，2019 年发布《中国教育现代化 2035》以及《加快推进教育现代化实施方案（2018—2022年）》等。这些政策法规的实施进一步推动了我国高等教育管理体系的法治化、常态化和规范化，如《中国教育现代化 2035》就明确指出，要推进高校教育治理体系和治理能力现代化，不断加强党的领导，完善党委领导下的校长负责制，推进"党委领导、校长负责、教授治学、民主管理"的内部领导体制，不断建设和完善以大学章程为核心的制度体系❶。

在理论创新方面：全面加强党对高校工作的领导被放在高校教育管理改革和发展的首位。习近平总书记在全国教育大会上强调，加强党对教育工作的全面领导，是办好教育的根本保证。这对于全国教育界提出了更高要求，是新时代中国教育改革发展的重要指针。加强和改进高校党建工作，事关举什么旗、走什么路、办什么样的大学、怎样办大学的根本问题，是加强党对高校全面领导的关键环节，是扎根中国大地、办好人民满意高等教育的根本保证，是确保高校高质量发展的战略工程❷。高校是思想政治工作的前沿阵地，习近平总书记在全国高校思想政治工作会议上的重

---

❶《中国教育现代化 2035》聚焦教育发展的突出问题和薄弱环节，立足当前，着眼长远，重点部署了面向教育现代化的十大战略任务：一是学习习近平新时代中国特色社会主义思想，二是发展中国特色世界先进水平的优质教育，三是推动各级教育高水平高质量普及，四是实现基本公共教育服务均等化，五是构建服务全民的终身学习体系，六是提升一流人才培养与创新能力，七是建设高素质专业化创新型教师队伍，八是加快信息化时代教育变革，九是开创教育对外开放新格局，十是推进教育治理体系和治理能力现代化。

❷ 习近平总书记在全国教育大会上强调，加强党对教育工作的全面领导，是办好教育的根本保证。教育部门和各级各类学校的党组织要增强"四个意识"、坚定"四个自信"，坚定不移维护党中央权威和集中统一领导，自觉在政治立场、政治方向、政治原则、政治道路上同党中央保持高度一致。各级党委要把教育改革发展纳入议事日程，党政主要负责同志要熟悉教育、关心教育、研究教育。各级各类学校党组织要把抓好学校党建工作作为办学治校的基本功，把党的教育方针全面贯彻到学校工作各方面。思想政治工作是学校各项工作的生命线，各级党委、各级教育主管部门、学校党组织都必须紧紧抓在手上。要精心培养和组织一支会做思想政治工作的政工队伍，把思想政治工作做在日常、做到个人。

要讲话深刻回答了"培养什么样的人、如何培养人以及为谁培养人"的根本性问题，为做好新形势下高校思想政治工作、发展高等教育事业指明了努力的方向。

（1）把牢办学正确方向。始终坚持高校是党领导下的高校，是中国特色社会主义高校。要从推进伟大事业、建设伟大工程、进行新的伟大斗争的政治高度，深刻认识高校思想政治工作的重要性，破除"说起来重要，做起来次要，忙起来不要"的思想，坚持不懈传播马克思主义理论，坚持不懈培育和弘扬社会主义核心价值观，坚持不懈促进高校和谐稳定，坚持不懈培育优良校风和学风，确保学校办学的正确方向。

（2）加强思想政治工作。高校是思想政治工作的前沿阵地，对党的思想政治工作大局有着重要影响。加强高校思想政治工作的领导，坚持用习近平新时代中国特色社会主义思想武装头脑，教育引导广大师生始终在思想上政治上行动上同以习近平同志为核心的党中央保持高度一致。加强对高校课堂、讲座、论坛、报告会、研讨会和互联网等阵地的管理，依法管理境外非政府组织在高校的活动，对学校师生的思想政治状况进行摸底排查，做到守土有责、守土负责、守土尽责。

（3）落实立德树人任务。高校立身之本在于立德树人❶。要把立德树人作为中心环节，把思想政治工作贯穿教育教学全过程，把人才培养作为最重要的工作，围绕学生、关照学生、服务学生，努力实现全程育人、全方位育人，切实解决重教书轻育人、重智育轻德育、重科研轻教学的现象。

3. 党建引领高等教育管理的重要实践意义

党建引领下的高校教育管理是一代代共产党人和高等教育工作者不懈努力的光辉历史征程的真实写照，是全国各族人民在不断争取独立与解放、繁荣与富强征程中在高等教育领域的积极探索。党建引领高等教育管理具有十分重大的历史与现实意义，具体来说包括如下几点：

（1）打破了现代高校教育管理理论西方或欧美独尊的局面，开创了高等教育办学模式的另一种可能性，丰富了世界高等教育办学模式，是中国人民为世界高等教育文明做出的历史性贡献。新中国成立 70 多年来，我国不仅在政治经济等领域走出了一条具有社会主义特色的独立自主的发展

---

❶ 习近平同志在党的十九大报告中指出，要全面贯彻党的教育方针，落实立德树人根本任务。

之路，而且我国政府和高等教育管理者以大无畏的精神与强烈的使命感，积极探索具有中国特色的高等教育治理体系及办学模式，取得了历史性的突破与贡献。

（2）为提升高校办学能力和管理效能提供了现实依据。从外部来看，不断注重社会参与和第三方评价，强调高校的社会责任与共同治理理念；从内部来看，越来越重视基层学术组织的作用，强调高校内部管理的创新与权变性，如近年来越来越重视基层学术委员会在学科建设和人才培养中的重要作用等。高校积极探索新时代党建规律，打造中国特色社会主义理论体系，加强思想政治理论课建设，推动课程思政广泛开展，有力推进习近平新时代中国特色社会主义思想进教材、进课堂、进头脑，良好的高等教育管理生态逐渐形成。

综上所述，我们可以发现一个规律，过去的70多年里党建工作状况与高等教育管理的水平密切相关，党建工作做得好的时候就是高校各项工作蒸蒸日上的时期，党建工作弱化的时候就是高校各种乱象冒头的时候。坚持和加强党的全面领导不仅是我国高等教育健康发展的坚强保证，也是我国高等教育管理的最大优势❶。"党委领导、校长负责、教授治学、民主管理"是我国高等教育管理的基本框架。抓好党建工作，不断提高党对高等教育事业的领导能力，是我国高等教育管理的关键环节。当前高校党建还面临着诸多现实挑战，如党政领导职能协调不畅、基层党组织功能发挥不充分、党员在高校教育管理中的作用没得到足够体现等。以史为鉴，面向未来，明确党建工作在高校教育管理体系中的定位，是保证党对高校的全面领导、提升高等教育管理水平的根本出路。

二、党建引领高等教育管理的主要模式

在新的历史时期，世界各国之间在政治、经济、文化等领域的交流日益频繁，同时，国家之间的竞争也更为激烈，然而相关竞争的核心归根结底是人才。高校承担着我国高素质人才培养的重要历史使命，在加强文化学科教学的同时，还需要引导学生构建正确的思想政治工作。总体来看，

❶《中国共产党普通高等学校基层组织工作条例》第四条，高校党组织工作应当遵循以下原则：（四）坚持把思想政治工作作为开展高校党的建设的重要抓手，把立德树人成效作为检验高校党的建设工作的根本标准。

党建引领高校教育管理工作的模式主要存在如下几种类型：

1. 高校育人工作的培养格局

新形势下的高校教育管理工作应当是围绕全程育人、全员育人和全方位展开，即"三全育人"❶，以党建引领为支撑的高校教育管理工作将进一步落实"思政创新、教学改革、协同育人"的目标要求，实现大学生管理、思想层面的"三全育人"。相较于高校传统教育管理工作模式来说，党建引领能够为差异化需求背景下的人才培养体系构建指明方向，促进"知识＋思想"的双主线人才培养模式形成，实现高校教育管理工作的高质量发展。

2. 立德树人的体系构建

文化与思想政治工作之间有着密不可分的联系。在互联网时代，高校大学生接触多元文化的渠道更加丰富，新形势下的高校文化环境较为复杂，大学生区分文化精华与糟粕的能力相对较差，以至于对大学生健康道德品质的形成产生了一定的影响。党建引领下的高校教育管理，能够为高校人才培养指明方向，以进一步落实"立德树人"的根本要求，形成以教育管理为支撑的德育新机制。

3. 良好学风的总体建构

较长的一段时间里，高校人才培养侧重于对大学生的学科理论知识体系进行完善，从而满足了社会发展对人才供给方面的需要。随着社会的多元化发展，受互联网、自媒体等多渠道信息的影响，大学生在"为何学？学什么？怎么学"方面产生了疑惑，尤其是近几年"就业难，难就业"的问题日益突出，大学生的学习态度与新形势下社会发展的需要存在着明显背离现象。高校教育管理工作中党建引领是从思想层面对以上三个问题进行解答，使大学生能够从思想深处意识到作为社会主义建设接班人所需要承担的责任和义务。在此基础上，大学生才能够以更加端正的学习态度，严格遵守高校教育管理制度，配合高校各项教育管理工作的开展，努力学习文化知识，坚定信念，担负起时代重任。

---

❶ 中共中央　国务院印发《关于加强和改进新形势下高校思想政治工作的意见》中第一条：坚持全员全过程全方位育人。把思想价值引领贯穿教育教学全过程和各环节，形成教书育人、科研育人、实践育人、管理育人、服务育人、文化育人、组织育人长效机制。

三、党建引领高等教育管理的实现机制

1. 围绕立德树人根本任务，构建高质量党建工作体系，发挥党建的引领作用

党建工作要注重创新，以适应时代发展的党的基层组织体系来引领立德树人根本任务的落实。在新时代下，各高校可结合各自的实际情况，通过网络的形式，构建全方位覆盖的党的基层组织体系；建立互动机制，以党风促校风、教风和学风。高校的主要任务是传递知识，培养高素质、高质量的人才。高校要想更好地促进人才培养，落实立德树人根本任务，就需要建立党建和人才培养的互动机制，通过教师党建和学生党建的互动、高校党建和校园建设的融合来推动人才的培养；科学的考核监督体系也是高校党建工作的重要组成部分，高校党组织要不断完善考核和问责机制，科学制定监督清单，突出重点、抓准关键、精准监督，以促进高校党建工作的高质量发展。

2. 强化党建引领，优化思想政治教育环境，落实立德树人的根本任务

要想更好地加强党对高校的全面领导，高校党组织就要为高校营造一个良好的思想政治教育环境。一方面，高校党组织要从态度上重视思想政治教育工作，搭建多元育人平台来提升思想政治教育的实效，更好地实现立德树人根本任务❶。比如，可以设置一些与思想政治相关的教育云平台和学习基地，通过多元化的宣传教育形式，潜移默化地对学生进行思想政治教育。另一方面，高校党组织要进一步强化高校全体人员的思想政治意识，特别是辅导员、班主任、思想政治教师等工作骨干，明确责任使命。就辅导员而言，通过实践活动的组织开展来帮助大学生树立正确世界观、人生观、价值观是其应尽的职责。比如，可定期组织学生参加政治理论的学习和实践、组织主题班会活动等❷。这既可以强化教师本身的思想政治意

---

❶ 中共中央 国务院印发《关于加强和改进新形势下高校思想政治工作的意见》第二十九条：高校党组织应当把立德树人作为根本任务，构建思想政治工作体系，加强意识形态阵地管理。充分发挥课堂教学的主渠道作用，办好思想政治理论课，推进课程思政建设，拓展新时代大学生思想政治教育的有效途径，形成全员全过程全方位育人的良好氛围和工作机制。

❷ 主要采取的方式有：通过对入党积极分子的培养、党支部开展"三会一课"、组织开展活动等形式加强对学生的思想政治教育。

识，更好地落实落细立德树人的根本任务，又能够通过这些党建活动拉近老师和学生之间的距离，方便教师更好地优化工作格局，推进基层党建。

3. 以党建工作优化教师队伍建设，培养高素质、高质量的教师队伍

一支高素质、高质量的思想政治教育队伍是高校思想政治教育取得良好效果的重要保障。高校的教师队伍建设可以从政治素养和业务能力两方面着手。

（1）对于思想政治工作教育队伍的政治素养必须严格把关❶。学校招聘时，必须把政治素养的考核放在重中之重的地位，通过多种方式对应聘人员的政治立场等进行全面了解。在教师入职后，仍要坚持从日常的教育和考核中进一步提高他们的政治素养。例如，要经常性地进行思想政治教育的培训，分享在培训中的收获和感悟。在日常的考核中，既要严格约束，也必须明确考核的目的不是惩罚，而是要让他们及时地去发现自身工作中存在的问题，并进行反思，在反思中学习和进步。

（2）优秀的业务能力也是一个高素质的思想政治教育工作者所不可或缺的。高校的党建工作要将师德师风、职业理想等融入教师培训中，并确保教师在培训和学习之后，要有高度的政治敏感度，要能够及时了解和领悟党的政策和精神，尤其是涉及高校工作方面的相关政策及规定。"实干兴邦"，作为高校的思想政治教育工作者，必须学会踏踏实实做事，积极参与实践工作，同时也可将自己每次工作的经历和感悟进行总结和反思，认真做好每项工作，保持实干的作风。

党建与高校教育管理的实践紧密联系，两者相互促进，所以要加强党建工作的思想政治引领。高校党建工作要以理论学习和实践锻炼引领大学生在思想上更好地向善、向上、向美。高校要培育德才兼备的新时代人才，理论学习是重要基础。在高校的思想政治课堂中，要将党建内容融入进来，将其内化于心，外化于行，提升大学生的理论素养，让其能够成为

---

❶ 中共中央 国务院印发《关于加强和改进新形势下高校思想政治工作的意见》十一、配齐建强思想政治工作队伍和党务工作队伍。高校思想政治工作队伍和党务工作队伍具有教师和管理人员双重身份，要纳入高校人才队伍建设总体规划，完善选拔、培养、激励机制，形成一支专职为主、专兼结合、数量充足、素质优良的工作力量。制定落实高校思想政治工作队伍和党务工作队伍培训计划。选聘党政机关和企事业单位党员领导干部、专家学者以及老干部、老战士、老专家、老教师、老模范，从事高校思想政治工作或党务工作。

社会发展所需要的德才兼备的时代人才。

（3）政治理论知识的学习要通过实践活动才能保证更好的学习效果，才能真正提高学生的实践应用能力，增强大学生的政治认同。因此，高校要积极为学生提供实践锻炼的机会，比如各种社会实践活动和支教实习等。让大学生将课堂上学习到的理论知识与实践相结合，使思想政治学习更深刻、更有效。同时，也能够培养大学生的责任和担当意识，为培养社会主义建设者和接班人做出新的更大贡献。

四、党建引领高等教育管理的创新路径

1. 党委领导为高等教育管理指明了方向和道路

习近平总书记在全国高校思想政治工作会议上指出："高校立身之本在于立德树人。只有培养出一流人才的高校，才能够成为世界一流大学。办好我国高校，办出世界一流大学，必须牢牢抓住全面提高人才培养能力这个核心点，并以此来带动高校其他工作。"党的教育方针、中国特色社会主义大学性质是不容动摇的。能否培养德才兼备的人才必须成为高等教育管理能力和治理水平的核心评价尺度。高校党委要引领高校正确的办学方向，掌握高校思想政治工作主导权，保证高校始终成为培养社会主义事业建设者和接班人的坚强阵地。党领导下的高等教育管理必须服从、服务于这一奋斗目标。

全面贯彻党的教育方针是高校应该立起来的"大德"。《论语·颜渊》中有："君子之德风，小人之德草。草上之风必偃。"这个"德"立不立得起来，群众看干部，看身边的干部。因此，用什么人、怎么用人直接体现着一个高校的党建强不强，决定着一个高校的工作作风好不好、治理层次高不高。毋庸讳言，我国高校在现实中存在用人跑偏现象。巡视发现，执行组织人事制度不规范成为高校的共性问题，部分高校干部选拔任用工作执行条例不严格，存在"带病提拔""用人唯亲""人岗不相适"等问题❶。巡视中反馈的高校物资采购、科研经费、招聘用人、基建工程、校办企业等环节存在的严重廉政风险都和高校的干部任用把关不严分不开，在师生中产生很坏的影响，严重影响"三全育人"实效。要把各条线、各层级的领导班子和干部队伍建设好，高校必须"举之以众、用之以公"。中国共

---

❶ 顾远山. 抓好巡视整改，还高校一片净土［N］. 中国纪检监察报，2017-06-21（04）.

产党始终坚持人民群众是历史的创造者、推动社会发展的决定力量的历史唯物主义立场，把为人民谋利益、为人民谋解放作为自己的奋斗目标。

因此，坚持党对高等教育的全面领导，确保高等教育管理的前进方向，就要确保高等教育管理能够正确地反映人民群众的要求，听取高校内外治理主体的广泛意见，任用有公心、有能力、得到群众认可的人担任高校各级各部门的领导干部。实践证明，只有正确、全面反映了人民群众要求的高校教育管理体系、管理制度，才会得到自觉遵守、主动维护；只有符合人民群众要求的决策和行政行为，才能得到积极配合、尽力推动。

2. 党建引领为高校教育管理提供了制度保障

党委领导下的校长负责制是经过历史实践证明的适合我国高等教育发展需求的科学领导体制，是高校的科学管理机制的枢纽。若要将党委领导下的校长负责制落实好，高校党建要在三个方面确立行为规范：

（1）为形成党政协调的高效分工机制建制度。各级党组织应当强化领导制度建设的责任意识，将党的教育方针具体化为高校制度建设的基本原则，把推进各级部门的制度建设作为党建的核心工作之一。明确党政分工，确立党组织的监督、规范制度，一方面要避免弱化、虚化党建工作；另一方面也要避免党组织大包大揽，使党无所不能、无所不包，该做的事做不到位，不该做的事又做不好。

（2）为形成合理的学术发展机制建制度。各级党组织应将学习型党组织的建设和敬畏科学、尊重学术的意识培养相结合，确立支持、保障、服务、监督教授治学的制度，既要赋予学术充分的发展活力，又要杜绝学术腐败，保障学术的健康发展。

（3）为形成系统化的整体协作机制建制度。高校党组织应克服高校各部门只关注具体工作指标的事务性思维和习惯，构建各部门相互协调、密切配合的制度体系，积极挖掘不同工作中的相同"战略元素"，让每个部门、每个人的努力都化为高校战略规划实施的合力。

除此之外，科学的激励机制是高等教育现代治理中的重要环节，有效的激励必须将长期激励与短期激励、精神激励与物质激励、结果激励与过程激励相结合。当前，高校普遍的激励模式大多重物质激励轻精神激励，重短期激励轻长期激励，重结果激励轻过程激励，一定程度上助长了高等教育发展的短视、功利、腐败现象，同时也侵蚀了党组织的建设。党务工作、组织学习被视为浪费精力的活动，常常应付差事，形式主义泛滥。合理的评价制度是激励机制的基础❶。高校党组织应当与行政相互配合，构建一套相互补充的评价制度，形成全面、长效的激励机制。与行政侧重绩效考核不同，党的系统应当更注重考核党员和干部的政治修养、道德品质修养情况，侧重精神激励、长期激励、行为激励，鼓励集体主义精神、牺牲精神、奉献精神，关注党员干部的大局观、服务意识、工作作风，将考核结果与党内评优评先挂钩，并作为干部遴选聘任的重要依据，确保高校干部队伍德才兼备，为高等教育管理提供优质人力资源。

3. 做好思想政治教育工作能够提升高等教育管理的水平

高等教育管理有三个维度：物质层面的现代化、制度层面的法治化以及包含了知识、道德、思想观念、行为方式等方面的精神或心理层面的现代化❷。同样，高等教育管理也包括思想道德层面，也就是用先进思想去教育引导广大师生员工，帮助他们改变落后的思想意识和价值观念，充分地激发出他们建设中国特色社会主义高等教育的主动性、积极性和创造力。虽然思想道德的治理意味着在思想道德领域引发"变革"，但不能采取强制的行政手段，只能通过柔性的管理，即思想政治教育来实现。思想政治教育是我党战胜一切困难取得事业成功的重要法宝，高校党组织应当充分发挥自身在思想政治教育方面的特长，引导教育广大党员和群众，为高等教育管理创造良好的治理氛围，优化高等教育管理环境。

高校各级领导、学术骨干、教学名师中党员所占比重很大，是高校组织群体中的"领头羊"，可以说，党员在高校的各个领域、各工作环节中都起到"风向标"的作用。党员的一言一行、一举一动对周围的师生员工都会起到示范作用。一个部门中，党员充分发挥先进模范作用，这个部门的风气就正，工作开展就顺利，就容易出成果；反之，如果一个组织群体中的党员思想觉悟不高、道德品质不良、工作不积极、能力平庸、服务意识淡薄，这个

---

❶ 中共中央 国务院印发《关于加强和改进新形势下高校思想政治工作的意见》五、加强教师队伍和专门力量建设。强调要提升教师思想政治素质，加强思想政治工作，建立中青年教师社会实践和校外挂职制度，加强师德师风建设，增强教师教书育人的责任担当。要完善教师评聘和考核机制，增加课堂教学权重，引导教师将更多精力投入到课堂教学上，完善教师职业道德规范，实施师德"一票否决"。高校思想政治工作队伍和党务工作队伍具有教师和管理人员双重身份，要纳入高校人才队伍建设总体规划，形成一支专职为主、专兼结合、数量充足、素质优良的工作力量。

❷ 杨晓微，游韵. 教育现代化的中国视角［J］. 教育研究，2021（3）：135–148.

群体必然精神涣散，士气低下，甚至歪风邪气盛行。现代社会形势多变、利益多元、信息繁杂、竞争激烈，普通党员思想上不断受到形形色色的观念冲击，很容易动摇初心、降低使命感。因此，在纷繁多变的局面下，不再直接掌握资源分配权力的党组织怎样长期有效地保持和提升共产党员的党性和能力，充分发挥先锋模范作用，是高校党建工作的新课题。

高校要紧抓思想建设，深入研究新时代党员先进性建设的规律，改进思想政治教育方法，在坚持用科学的理论武装党员的头脑、用高尚的道德理念激荡党员的心灵的同时，为每一位党员的发展提供更好的平台、更多的资源和更广阔的空间，让每一位党员在高校中成为自觉践行社会主义核心价值观的模范，在高等教育各领域、各方面成为甘于奉献、努力奋斗、一心为公、勇于创新的先锋模范。高校要让每一位党员都能自觉去做党的先进思想、教育方针的宣传员，成为联系群众、做群众思想工作的引导者，带动广大师生员工树立主人翁意识，主动关心高等教育事业发展，不断追求进步，努力为高等教育发展做贡献，真正实现高等教育管理的民主管理。

4. 党组织建设能够凝聚人心、推动高校事业发展

要发挥党建工作凝聚人心的作用，就要将党建贯穿于工作的全过程。党组织建设直接决定联系服务群众"最后一公里"是否畅通，是推动社会经济发展的强大力量。事业兴衰，关键在党。加强党建工作，重点就是要加强组织建设，切实发挥其战斗堡垒作用。要建设坚强的战斗堡垒，党建的引领作用至关重要。要发挥党建工作的引领作用，就要严格落实一岗双责，强化政治引领，切实增强"四个意识"、坚定"四个自信"、做到"两个维护"，把党的领导贯穿于单位工作各方面全过程。加强组织建设，推进支部标准化规范化建设，激发党员担当作为，开展以党员先锋、党员突击队等为主要载体的党员争先创优活动，充分发挥党员的先锋模范作用。

要发挥党建工作的引领作用，就要正确处理好党建和业务的关系。党建是思想和灵魂，引领业务、促进发展，有了党组织的政治核心、领导核心，才有广大党员的先锋模范作用、带头带动作用，才能推动业务又好又快地发展。坚持把党建工作与业务工作同部署、同落实、同检查、同考核。通过完善"三会一课"制度、民主生活会制度、民主评议制度、联系群众制度等，健全党委会议事内容、议事程序及议事纪律，制定党务公开制度、工作通报制度，严格执行党费收缴制度，定期开展"主题党日"活动，切实把全单位人员思想统一到党委安排部署上来。

在处于百年未有之大变局的今天，高等教育管理体系不断完善和提高，党建也要不断创新和发展。新时代，在我国高等教育迎来新的重大发展机遇的历史时期，我们要不断探索、认识、掌握高校党建的规律，充分尊重和运用规律，构建科学的党建制度、党建模式，在滋养高等教育健康发展的同时为国家民族的进步和发展做出新的贡献。

创新实践案例

一、案例概况

某高校党委书记张某临近退休，被调往一所省属高校，在调到该学校工作后，对于本该自己负责的党建、选人用人、师德师风等工作消极懈怠。学校党委会上一些需要党委书记来提议上会讨论的事项，事先不积极同各位党委委员沟通、征求意见，导致经常出现会前不民主、会上不集中，甚至出现最终表决结果同预想的不一致的情况。选人用人是做好教育管理工作的基础，而对于管理干部的考察没有最广泛地征求所在部门或者学院广大师生的意见，而是仅靠组织部门推荐，或者按资排辈，有些干部实际上名不副实，不具有担任领导干部的能力和素质，最终也被顺利提拔上岗，导致出现"带病提拔"的情况，对于学校事业发展产生了不良影响。而对于一些"老黄牛式"的干部，则采取不闻不问的态度，极大地挫伤了一些人的积极性。有一些本该党委书记来推动的工作，最终由校长负责来推动，最终出现了党委领导弱化、内部管理不顺畅、选人用人时在思想政治上把关不严、师德师风负面新闻频发等事件。

二、问题检视

该案例中问题的根本原因在于对高校党委领导下的校长负责制理解和运用不到位。

1. 要强化党委集体领导

凡涉及学校发展和师生员工利益的重大问题和事项，都必须由党委集体讨论决定，而不是个人说了算，包括党委书记在内，任何人都不存在特权。同时要明确党委定位，党委是一个领导集体而非管理团队，其核心职责是领导而非管理，主要是通过强有力的政治领导、思想领导和组织领导，把方向、定目标、谋战略、抓组织、推落实，这与直接管人财物、抓教学科研的行政管理有根本区别。

2. 校长作为行政主要负责人在党委领导下"负责"

就是执行党委的决议，将其转化为贯彻落实的行政措施和行为，依法独立负责地行使管理职权。

三、实践创新

要充分发挥党建引领作用，以党建促进高校教育管理，坚持和完善高校党委领导下的校长负责制，关键做到以下两点。

1. 处理好民主科学决策与个人分工协作的关系

既要坚持集体领导、科学民主决策，又要发挥个人能动作用、实行分工协作，提升高校党委领导下的校长负责制运行效能。一方面，贯彻执行好民主集中制，确保科学民主决策。要充分发扬民主，对于一般性议题，会前应做好沟通，达成初步意见，会上充分听取班子成员的意见和建议，涉及重大改革或干部职工利益的重大事项要广泛听取意见；严格决策程序，坚决按照"集体领导、民主集中、个别酝酿、会议决定"的原则研究决定重大事项，严格执行"末位表态制"，防止"一把手"说了算。另一方面，发挥个人的能动作用，切实抓好分工协作，决策前加强沟通，决策时充分发表意见，落实决议要各司其职、各负其责，相互支持、密切配合。

2. 处理好规则刚性与党建聚力的关系

一方面，必须高度重视制度的规约和保障作用，细化和完善议事规则，明确议事范围、规范议事程序、严格议事纪律。另一方面，要强化党性修养。高校班子成员都要增强政治意识、坚定政治立场，坚持重大问题集体讨论决定，不争权拍板，不搞个人专断，遇到分歧坦诚交心、全面沟通协调，做到大事讲原则、小事讲风格，形成和谐共事、民主决策的良好氛围。

专题二 中国式教育管理现代化的改革发展

本专题主要通过对高校教育管理现代化的内在逻辑进行概括和剖析，遵循高校教育发展规律与类型特征，改革和创新教育管理模式是推进教育管理现代化的必然选择。基于高校教育管理的自我管理、协商管理、制度管理、智慧管理四个方面，全面提高高校教育管理的能力和水平，提升管理效能，实现中国式高校教育管理现代化改革发展的目标。

党的二十大提出以中国式现代化全面推进中华民族伟大复兴的使命任务❶，高等教育现代化是中国式现代化的重要组成部分。在中国式现代化的背景下认识高等教育现代化的内涵与使命。在我国这样一个人口大国实现全国范围内的现代化，需要对国家所处的经济社会发展环境与发展的阶段性特征做出准确判断，需要符合其本质要求❷。在这一背景下，完善高校教育管理体系，提升管理能力成为新时代高等教育发展的重要内容。高校要健全内部管理体系，完善以章程为核心的现代高校管理制度体系，形成学校自主管理、自我约束的体制机制，推进教育管理的现代化。如何推进高校教育管理，实现管理现代化已成为一项重要议题。

一、高校教育管理的概念内涵和内在逻辑

高校教育管理现代化是社会治理现代化的重要构成，是一个动态的过

---

❶ 党的二十大报告提出了"中国式现代化"的科学论断。中国式现代化，是中国共产党领导的社会主义现代化，既有各国现代化的共同特征，更有基于自己国情的中国特色。中国式现代化是人口规模巨大的现代化，全体人民共同富裕的现代化，物质文明和精神文明相协调的现代化，人与自然和谐共生的现代化，走和平发展道路的现代化。

❷ 中国式现代化的本质要求是：坚持中国共产党领导，坚持中国特色社会主义，实现高质量发展，发展全过程人民民主，丰富人民精神世界，实现全体人民共同富裕，促进人与自然和谐共生，推动构建人类命运共同体，创造人类文明新形态。

程，其核心是管理体系的现代化与管理能力的现代化。新时期，高校教育管理现代化建设的使命就是要彰显高校立德树人的使命与任务，以建设高水平的高等教育为抓手，紧紧抓住实现教育管理现代化的基本内涵，培养高素质技术技能人才，服务高质量经济发展，真正实现国家政策导向与院校内生动力相结合，强化法治思维，推动制度优势向管理效能不断转化，形成高校教育管理现代化的新格局，全面提升高素质技术技能人才培养质量和服务高质量经济发展的能力。高等教育管理现代化的内在逻辑和主要内容包含"党的领导""体系建设""立德树人""彰显特色""实现发展"五个维度，具体表现在以下几个方面：

1. 坚持中国共产党的领导是实现高校教育管理现代化的根本保证

习近平总书记强调："我们要从党和国家事业发展全局的高度，全面贯彻党的教育方针，坚持优先发展教育事业，坚守为党育人、为国育才，努力办好人民满意的教育，在加快推进教育现代化的新征程中培养担当民族复兴大任的时代新人。""加强党对教育工作的全面领导，是办好教育的根本保证。"因此，立德树人，为党育人、为国育才是中国式高等教育现代化的目标所向。

我们要重新理解教育的目标和宗旨，特别重视新时代、新常态下高校党建工作。高校党建不是一方面，是总揽全局、统筹各方。同时落实好党委领导下的校长负责制又是坚持"为党育人、为国育才"的必然要求。我们必须牢牢把握性质定位，夯基立柱、固本培元，坚定不移地加强党对高校工作的全面领导。发挥党委的统领作用，确保学校发展不偏离社会主义办学方向，将党的领导贯穿于高校治校办学的全过程和各方面，通过党委领导的校长负责制把握学校发展的大局，协调高校的内部管理结构，科学决策并充分发挥党组织战斗堡垒作用，实现高校教育管理民主化、法治化，为学校管理现代化的依法稳步推进提供扎实保障。

2. 构建教育管理的体系是中国式高等教育现代化的本质要求

加强党对高校教育管理工作，必须从加强政治建设、健全制度体系、优化决策程序和完善体制机制等方面着力，这也是提升高校教育管理能力现代化的本质要求。

（1）要加强政治建设❶。这是高校党委把方向、谋大局的关键。要坚定政治信仰。高校党委书记要始终以社会主义政治家、教育家的标准来自我要求，坚持社会主义办学方向，坚持加强党对高校各项事业的领导，锤炼政治本领，提升管理水平。党委成员要自觉主动加强政治能力和实践训练，切实提高把握方向、把握全局的能力。同时，要增强斗争精神，强化政治担当，坚决落实党委的各项部署。

（2）要构建完整的制度体系。高校要围绕贯彻和加强党的全面领导，在实践中不断提升认识水平和工作水平。要进一步明确党委把方向、谋大局的核心领导地位，修订党委会议事规则，修订"三重一大"实施办法，努力构建党委领导下的校长负责制制度体系和责任体系。

（3）要构建科学的决策体系。科学决策是高校坚持党委领导的重要内容。要着力探索科学、规范的党委会议事内容和决策程序❷。严格会议召开程序，搭建议题管理信息系统平台，规范议事决策流程。同时要理顺议事决策内在机制，确保议事制度规范、党政界限清晰、决策科学。

（4）构建协调有序的运行机制。要构建领导班子成员沟通交流机制，促进领导班子成员深入交换意见，推动班子成员相互尊重、相互信任、相互支持，凝聚共识，形成心齐气顺的工作合力，提升各项工作的质量与效率。

3. 实现立德树人目标是高校教育管理现代化的根本任务

"培养什么人，怎样培养人"是教育的根本问题和永恒主题❸。2018年习近平总书记在北京大学与师生座谈时指出："要把立德树人作为检验学

---

❶ 习近平总书记在全国教育大会上强调，加强党对教育工作的全面领导，是办好教育的根本保证。教育部门和各级各类学校的党组织要增强"四个意识"、坚定"四个自信"，坚定不移维护党中央权威和集中统一领导，自觉在政治立场、政治方向、政治原则、政治道路上同党中央保持高度一致。各级党委要把教育改革发展纳入议事日程，党政主要负责同志要熟悉教育、关心教育、研究教育。各级各类学校党组织要把抓好学校党建工作作为办学治校的基本功，把党的教育方针全面贯彻到学校工作各方面。

❷ 主要的依据为：《中共中央组织部 中共教育部党组关于印发普通高等学校院（系）党委会会议和党政联席会议议事规则示范文本的通知》。

❸ 北京市习近平新时代中国特色社会主义思想研究中心. 深入落实立德树人根本任务［N］. 光明日报，2018-08-21.

校一切工作的根本标准，把立德树人内化到大学建设和管理的各领域、各方面和各环节，做到以树人为核心，以立德为根本。"❶高校应肩负起为党育才、为国育才的使命，紧紧围绕立德树人这一根本任务开展治校办学。只有将立德树人作为学校管理改革的根本出发点，将其融入学校理念、办学目标、人才培养、课堂教学、学校管理等各体系中，形成全员、全程、全方位的"三全育人"格局，才能培养出具有社会使命感和坚定理想信念的时代新人，展现高校的时代育人价值。

坚持立德与树人相统一，必须把高校教育管理工作贯穿思想政治工作全过程。思想政治工作是中国共产党的优良传统和政治优势，是高校一切工作的生命线，是坚持和加强党对高校全面领导的重要抓手。必须围绕落实立德树人根本任务开展教育管理和思想政治教育，服从全党工作大局。高校应全面加强队伍自身建设，精心培养一支会做教育管理和思想政治工作的队伍，加强思想政治理论课教师队伍建设，不断创新工作方式方法。思想政治工作坚持以人为本，就是要把发挥学生的能动作用与满足学生成长成才需要结合起来，充分体现人文关怀，既教育学生、引导学生、鼓舞学生，又尊重学生、理解学生、关心学生。

4. 彰显高等教育特色是推进高校教育管理现代化的内在动能

习近平总书记强调，要坚持系统观念，统筹推进育人方式、办学模式、管理体制、保障机制改革，坚决破除一切制约教育高质量发展的思想观念束缚和体制机制弊端，全面提高教育治理体系和治理能力现代化水平。因此，我们要深化新时代教育评价改革，要系统推进高校评价体系建设，形成体现高等教育理念的评价体系。坚持依法办学、依法治校，深化教师人事制度改革，构建具有区域特征、高校特色、学科特点、院系特色的管理体系。建设高素质专业化管理服务队伍，完善管理服务保障机制。加强师德师风建设，培养高素质教师队伍。探索国际合作交流新机制，参与全球教育管理，推动建设世界教育中心。

作为具有独特类型特征的社会活动领域，高等教育的自身属性和典型特征决定着管理模式的选择与调整。高等教育兼具培养和教育双重属性，其办学格局是政府、学校、企业、行业多元协同，功能定位是满足经济发展与个性发展双重需求，人才培养目标是高素质劳动者和技术技能人才。

---

❶ 姜沛民. 把立德树人内化到大学建设各环节［N］. 人民日报，2018-08-02.

高校教育管理需要具有一套独立的管理体系，遵循这一双重属性特征，在遵循高等教育发展规律的基础上，形成多元共治的管理结构，推动人才链、教育链、创新链与产业链四链融通，走出高校教育管理的创新路径。

5. 实现高质量发展是高校教育管理现代化的价值目标

党的二十大报告指出，加快建设高质量教育体系❶，我国高等教育高质量发展的方向更明确，目标更聚焦，方略更系统，这也成了我国高校教育管理现代化的价值目标。

（1）高等教育高质量发展具有明确的目的性和方向性。其根本之处在于坚持用习近平新时代中国特色社会主义思想铸魂育人，全面贯彻党的教育方针，着力回答和解决"为谁培养人、培养什么人、怎样培养人"这一教育根本问题❷。另外，高等教育高质量发展具有适度超前的引领性。习近平总书记指出，教育决定着人类的今天，也决定着人类的未来。

（2）高等教育作为经济社会发展的重要引擎和风向标，不仅引领科学技术的创新进步，更引领思想和文化的创新，烛照社会前进的方向。对新时代的中国高等教育而言，这种引领性还集中体现为：如何全面提高人才自主培养质量，着力造就拔尖创新人才；如何坚持"四个面向"，开展引领性科研攻关，破解"卡脖子"难题；如何推进文化自信自强，肩负起引领文化繁荣发展的重任。

（3）高等教育高质量发展还具有系统集成的整体性。新时代的高等教育发展不是某一方面、某一局部、某一环节的小修小补，而是统筹协调各层次、各环节、各要素之间的关系，使其在各自定位和分工上实现效益最大化。

总之，高等教育进入高质量发展阶段，高等教育管理任务也面临着新的要求。高等教育发展需要提高教育要素的内在质量和运行效率，从外延式发展转向内涵式发展，需要健全高水平人才培养体系，服务人的全面发

---

❶ 党的二十大报告指出，办好人民满意的教育。教育是国之大计、党之大计。培养什么人、怎样培养人、为谁培养人是教育的根本问题。育人的根本在于立德。全面贯彻党的教育方针，落实立德树人根本任务，培养德智体美劳全面发展的社会主义建设者和接班人。坚持以人民为中心发展教育，加快建设高质量教育体系，发展素质教育，促进教育公平。

❷ 周海燕，卞谢瑜. 从管理到治理：高校党建引领高等教育治理现代化［J］. 高校教育管理，2021（5）：55-63.

展。加强高校管理体系建设，提升高校教育管理能力，是新时代推动高等教育高质量发展的迫切需求和价值追求，也是高校实现从外延发展到内涵发展跨越的必经之路。

二、我国高校教育管理现代化的基本思维

牢牢把握高校教育管理现代化的内涵，遵循高等教育发展规律与类型特征，改革创新管理模式，是推进高校教育管理现代化的必然选择。严格遵循高校教育管理的自我管理、协商管理、制度管理、智慧管理四个基本思维，以"自我管理"为基本特征，以"协商管理"为手段，以"制度管理"为保障，以"智慧管理"为支撑，从传统的"一元管理"走向"多元共管"，从"政府主导与行政管控"到"学校自主办学"，全面提高高校的管理能力和管理效能，实现高校教育管理现代化的目标。

1. 自我管理思维：推进依法办学，推进民主管理

现代大学制度的核心是在政府的宏观领导下，面向社会依法自主办学，实行民主管理[1]。现代大学的发展既受外部特别是政府与市场的影响，又要保持一定的独立性与自主性。国家深化"放管服"改革和"最多跑一次"改革，推进"管办评"分离，就是为使大学与政府之间的边界更清晰，保障大学作为一个自治机构的办学自主权，推动实现大学的民主管理。高校作为独立的法人主体，切实落实办学自主权，推进高校自治，是建设现代大学制度、提高办学水平和质量的重要内容。

强化法治思维的保障与约束，使高等学校的办学自主权成为社会公权力的组成部分，国家监督、大学自主与师生权利形成良性互动。作为特殊管理主体，高校教育管理需要遵循高校的组织特性、高等教育的规律，尊重学术自治传统[2]。但高校的自治并不意味着权力的绝对自由，而是需要在合理的制度下规范运行，需要处理好政府、高校、市场之间的三角互动关系，使高校的内部力量与政府和市场的外部影响保持平衡。政府依法管理并提供政策以及办学资源支持，但不干涉学校具体办学行为与学术决策；

---

❶ 袁贵仁. 建立现代大学制度推进高教改革和发展［J］. 中国高等教育，2000（3）：21-23.

❷ 崔炳辉. 整体性管理视域下高职院校管理体系研究［J］. 江苏高教，2016（3）：148-151.

学校面向社会、面向市场依法自主办学，依据市场需求确立办学定位与发展目标；社会各界通过依法参与和监督评价对学校管理发挥影响，进而实现高校教育管理民主化、法治化，为高校自治的有效运行提供保障和监督。随着高校办学自主权逐步加大，其办学的主体地位越来越彰显，这也是我国高等教育管理现代化进程中的重要趋势。

中国高校的发展必须体现国家的政策意图，切实把国家政策要求和大学发展实际结合起来，才能更好地推进现代大学制度的建设❶。在中国的国情下，以国家层面的政策主导推动高校教育管理现代化是符合高校发展实际、必要且有效的。但是，过度的政策导向将会导致学校管理的路径依赖，形成政策思维，高校自身建设现代大学制度的动力明显不足。因此，在强化法治思维的基础上，更要激发高校自治的内生动力。

2. 协商管理思维：促进协商民主，优化管理模式

管理是各种公共的机构或私人管理其共同事务的诸多方式的总和。它是为了使相互冲突的或不同的利益得以调和而采取联合行动的持续过程。强调管理过程中的多元主体参与、协同共治是现代管理的基本理念。共同管理既是国际高等教育管理的发展趋势，也是我国建立"党委领导、校长负责、教授治学、民主管理、社会参与"这一管理结构的反映和要求❷。对于高等教育而言，其管理体系现代化的目标就是从传统的行政管理走向协商式的多元共治。

高等教育的跨界本质与现代管理的内在要求决定了高等教育管理主体的多元性。在当今高等教育的管理实践中，政府、高等院校以及行业企业是直接参与的管理主体。而在多元主体中，行业企业占有重要地位，这也是高等教育区别于普通教育管理的重要特征。而管理主体和管理模式的多元化必然导致管理机制的复合化，从传统的、一元的行政管理走向多元共治意味着高等教育管理机制的范式变革，即形成由政府、市场和高校三大主体共同形成的管理机制。高等教育管理体制现代化的主要目标是建立政府、行业、企业、学校、社会等多元主体共同参与的管理结构。因此，优

---

❶ 张德祥. 1949 年以来中国大学管理的历史变迁：基于政策变革的思考［J］. 中国高教研究，2016（2）：29-36.

❷ 李立国. 什么是好的大学管理：管理的"实然"与"应然"分析［J］. 华东师范大学学报（教育科学版），2019（5）：1-16.

化高校教育管理结构是推进高校教育管理改革的关键部分。高校教育管理结构不完善，其根本在于各利益相关群体参与程度不高和保障共治的制度缺失、低效、无效❶，整体优化不足。

现代化制度体系的建设是高校实现共治的必然要求，高等教育的发展需要形成多元共治、合作共赢、跨界互补的管理结构，在合理的制度框架内，分配高等教育利益相关方参与高等教育共同管理的权利和机会，通过博弈实现各种权利、价值和利益之间的平衡❷，优化多元主体管理结构，改变传统订单管理模式，逐渐转向新型的政府、市场主体和高校三维框架下的多主体共同管理模式。

3. 制度管理思维：推动机制建设，实现善治愿景

"善治"是一种良好的或理想的社会管理状态或图景，是使公共利益最大化的社会管理过程，其本质特征是政府与公民对公共事务的合作管理，是政府与市场、社会的一种新型关系。从社会发展的角度来看，文明、民主、自由、法治是人类共同的价值追求，"善治"建立在这些价值理念的基础上，具有参与性，以协商一致为导向，负责、透明、反应迅速、有效和高效、公平和包容各方，并遵循法治的特点❸，它是管理的最高境界和理想状态。欧盟委员会针对"善治"归结了 13 项原则，包括公平参与公平选举、响应性、高效性、开放性与透明性、依法而治、遵循道德规范、胜任力与能力、创新性与适应性、可持续性与长期导向性、完善的财务管理、人权、文化多样性与社会凝聚力、问责。具体到教育领域中，"善治"是我国推进高等教育管理体系和管理能力现代化的理想追求，是实现我国高等教育管理现代化的"基础性"工程，是高校教育管理的最终目标。

高校的"善治"体现了高等教育管理的基本价值准则。具体而言，高校在管理中，应在多元与协作的公共理性指引下，给予不同利益相关管理主体平等的参与机会，公开决策过程，明确不同利益的多元管理主体间

---

❶ 查吉德. 推动院校管理现代化适应职业教育发展新常态［J］. 中国职业技术教育，2015（15）：5-9.

❷ 陶军明，庞学光. 职业教育管理：从单维管理到多元共治［J］. 中国职业教育，2016（21）：18-24.

❸ 孙翠香. 我国高职院校的"善治"：一种理想管理图景的构想［J］. 教育与职业，2020（11）：19-26.

的权责，保证决策执行高效且具有良好的管理效果，用完善的法律法规体系予以保障，用完善的问责制度予以制衡。政府、学校、社会通过协作管理达成一种理想的管理状态，共同推进互利共赢，实现以"共治"求"善治"，走上一条"善治"之道。高校对于"善治"的价值追求为高校管理体系和管理能力现代化提供了发展和完善的鲜明指向。

4. 智慧管理思维：融入科技手段，推进数字化管理

从经济发展的角度来看，当今正处于产业变革、云物大智的时代，管理也要跟上时代的变化，充分依托并深度应用现代科技，全面推进智慧管理❶。近年来，新智能技术迅猛发展，为学校信息化建设孕育了最佳环境，为高校教育管理现代化提供了技术保障。随着我国高等教育管理体系和管理能力现代化的推进，智慧管理将成为高校教育管理的必然形态。"智慧管理"不仅仅是一个单纯的技术性概念，即通过信息和通信技术使管理各主体得以更好地沟通、互动和协作，表现为一种技术管理，也是一种思维方式，一种包括效率、民主、回应、公平、开放、协同、合作等价值和理念的选择。推进高校教育管理现代化，应加强"互联网＋管理"，实现数据共享、资源整合、优化配置，构建决策科学、执行顺畅、监督有力的智慧管理格局，推进教育管理数字化转型，开创高校教育管理现代化新局面。

三、推进高校教育管理现代化的实践探索

目前，我国各地方高校正在积极探索高校质量管理体系和管理现代化建设，突出强调制度化建设对高校人才培养质量的关键作用。以制度建设为先导，以机制运行为动力，以管理效能为核心，形成了一整套理念、运行、评价、激励和约束的循环机制，赋能高素质技术技能人才培养，为高水平高等院校管理现代化建设提供了参考和借鉴。

1. 完善顶层布局创新，保障高校发展

坚持以章程为核心，以"善治"为目标，构建党委领导下的民主、法治、高效的现代大学"自治"体系。对外基于"管办评"分离，形成"政府宏观引导、市场适度调节、社会广泛参与、学校依法办学"的新型外部

---

❶ 透视国外大学管理经验发展中国特色大学管理体系：访中国人民大学教育学院副院长李立国［J］. 世界教育信息，2019（3）：42–47.

管理体系；对内建立有效率的行政系统，厘清党委、校长、教师、学生、社会等各方利益主体权利关系，形成"党委领导、校长负责、教授治学、民主管理、社会参与"的顶层运行机制，克服过度行政化倾向，使静态的管理结构转化为可见的管理效能，促进高校科学、民主和高效管理，保障高校"自治"发展。

（1）坚持和完善党委领导下的校长负责制，进一步完善学校决策管理机制，修订完善各项决策议事制度及程序，推进学校依法决策、科学决策与民主决策。

（2）推进教授治学机制，完善以学术委员会、专业建设委员会、教材委员会等各类专门委员会为主体的学术权利体系，优化学术管理体制机制、制度和规范，通过各类委员会建设保障教授对学校相关工作的决策、审议和咨询。

（3）推进以教职工代表大会为主体的民主监督体系建设，形成学校自主管理、自我约束的体制机制，通过加强教代会、学代会、群团组织建设，确保师生参与学校管理的渠道畅通，鼓励支持党外人士为学校改革发展建言献策，形成学校民主管理的良好局面。

（4）完善社会参与机制，推进理事会、咨询会、校友会建设，推进职教联盟建设，吸收各办学利益主体参与学校的建设、发展、管理和监督，拓宽社会参与和支持学校办学的方式与途径，与政校行企联办校区或平台基地，实现政校行企共建、共治、共享❶。

2. 完善管理运行制度体系，形成高校"善治"格局

制度安排是实现学校"善治"的根本保障，"法治"是"善治"的重要基础。对良法善治的追求以及对法治的敬畏，应成为破除高等教育管理"政策思维"的前提❷。为此，高校应以章程为核心构建完善的制度体系，将学校活动纳入"法治"轨道，确保学校的各项工作都有法可依、有章可循。

（1）构建人财物动态管理体系，完善基层"神经末梢"管理。开展规

---

❶ 刘来兵，侯睿琪. 聚焦国家职教战略服务地区人才需求：访温州职业技术学院校长方益权［J］. 世界教育信息，2020（11）：8–14.

❷ 姚荣. 从政策思维走向法治思维：我国高等教育管理现代化的核心要义［J］. 重庆高教研究，2019（5）：9–60.

范性文件清理、校园形态整理、人财物规范管理"三清三理"工作，健全制度体系的"四梁八柱"。围绕重点工作、重点专业和重点人群构建起人财物动态管理体系，提升人才管理的匹配性、财务管理的针对性、资源管理的有效性，实现基层"神经末梢"的管理。在人才管理上，建立政校行企联动引才聚才机制，完善师资分层分类培养体系；提升人力资源管理与学校改革发展匹配性，深化教师考核、职称评审、薪酬改革等多元化绩效评价体系。在财务管理上，实现财务业务化、预算项目化、管理精细化，完善预算编制机制、预算管理体制，建立健全项目编制的规范体系，实现预算绩效化，提升经费使用效率。在资源管理上，围绕重点工作、重点专业建立校内资源配置机制，推进资产管理改革和资产管理标准体系建设，健全动态、开放的资产共享共用平台，以学校资产经营公司强化社会服务功能，完善国有资产评价考核机制，提高闲置资产利用率，发挥资产功效。

（2）构建多维育人机制，形成校本管理框架。对一个组织而言，善治的价值理性在于追求管理效率❶。高校教育管理的诸多要素结构之间是否有效运行是衡量高水平高等院校的重要标志。高校教育管理体系的高效运行则直接展现出高校良好的管理能力❷。高校要根据学校的职能建立相应的机制运行子系统，形成由多个有机体组成的校本管理框架，紧密结合高等教育的类型特征和办学实践，建立健全高校专业建设、产教融合、科技研发、人才培养等各方面育人机制，打造富有执行力的操作系统，使高校教育管理逐渐从"机制"走向"善治"。

一方面，建立专业绩效考核与动态调整运行机制。实行招生—就业—培养联动改革，建立契合区域产业需求导向的专业动态调整运行机制；以学校内部的专业建设诊改办法为抓手，实现校内专业及时自我诊断与评估，通过外部的高等院校教学工作及业绩考核对专业建设的质量进行全方位的评价；依托教学建设与研究成果计分及奖励办法，对各级各类标志性成果进行高额奖励，对综合工作业绩优秀的专业在资金上予以重点扶持、

---

❶ 周建松，陈正江. 高职院校管理体系现代化：理论意蕴与实现机制［J］. 现代教育管理，2016（7）：6-12.

❷ 蔡好荻. 管理创新：构建以标准为基础的制度体系［J］. 江西师范大学学报（哲学社会科学版），2018（5）：33-39.

重点倾斜；依据专业建设工作业绩考核及专业动态调整办法，停招、兼并或者转型不合格专业。

另一方面，建立以产业为引领，完善产教融合、校企合作"全链式"人才培养机制。构建新型政校关系，以当地招生和就业为主要指标激发地方政府支持高素质技术技能人才培养的投入，形成嵌入产业集聚区的分布式办学格局；建立以产业需求和人才培养为指引，教师、专业、系（院）、学校"四位一体"联动运行机制；建立项目、资金核心绩效指标双评价的产教融合评价机制；校企共建产业学院、专业、实训基地、科研平台，推进形成校企命运共同体和"产学研用创"一体化综合体。

3. 形成"共治"文化，提升高校教育管理能力

在高校教育管理的各个环节中，文化以独特的方式在场，表征为价值观、理念与体制机制等技术因素的组合❶。高校教育管理现代化过程不可避免地被植入文化基因。高等教育具有跨界属性，多元利益相关管理主体有不同的利益诉求，在建构高校教育管理结构的同时，必须尊重多元利益主体的互相博弈与协商，凝聚形成高校"共治"文化。"共治"文化是由内部制度环境与外部政校行企共治环境相互作用形成的价值定位与行为选择，并转化为各利益相关管理主体对高校教育管理结构的认同感和归属感。在多元、复杂、动态的内外部环境下，高校首先要明确共管理念，并将共管理念转化为完善的制度体系，再用制度来为行动提供稳定的框架，进而上升为一种以信任和利益为基础的组织文化。

当外在有形的制度内化为内在无形的认同时，制度自觉上升为管理自觉，制度获得了持久的活力，制度优势便能够自动转化为管理效能，形成"共治"文化。一方面，要秉承德技并修全育人理念，坚持德智体美劳五育并举，促成人的全面发展，培育适应经济社会发展的新时代工匠人才，构建"以人为本"的管理文化。另一方面，要将技术技能的创新与应用作为高校教育管理的基本指向，构建技术创新的价值文化，使改革创新的精神和工匠文化成为学校师生员工的价值追求。高校教育管理与社会发展需求紧密结合，树立教育链、人才链与产业链、创新链有机衔接的理念，促进多元利益主体协同共治，让高校教育管理体系成为凝心聚力的纽带，创

---

❶ 蓝洁，唐锡海. 高职院校管理文化的阐释与建构［J］. 职教论坛，2018（5）：6-12

建平等、理性、自由、宽容的共建共治共享氛围，构建服务民生的价值文化。

4. 推进数字化改革，推进高校智慧管理

高校的信息化水平是衡量其管理水平和现代化程度的重要标尺。信息化是高校教育管理现代化的必经之路，应积极推动高校教育管理数字化改革，加速推动高校教育信息化的转型升级，使信息技术真正成为人才培养、科研创新、便民服务的有力抓手，推动学校信息化发展理念创新、基础设施应用创新、教育教学模式创新、管理服务体系创新。

（1）以机制体制建设为载体，构建决策科学、执行顺畅、监督有力的智慧管理格局。依托智慧校园框架构建学校教育信息化良性运行机制；对标高校智慧校园建设评价指标体系，以信息化项目绩效评估机制为驱动，建立学校智慧校园建设评价指标体系；建立部门与教职工个人激励机制，制定信息化应用激励政策，开展定期评估，对未达到预期实施效果的系统进行整改。

（2）以完善网络基础设施、打造智慧教学环境、深耕数字化教学资源、规划并集成应用服务、建设大数据协同中心、深化"最多跑一次"改革六个方面建设为载体，推进学校信息化工作有效开展，打造集智慧学习、高效率管理、个性化与精准化管理、安全稳定运行的校园智慧管理体系。

创新实践案例

一、案例概况

某高校在校教职工约 2000 人，其中党外知识分子约 500 人，民主党派教师约 150 人，无党派人士约 20 人。在协商管理和协商民主体制机制建设方面较为健全，各个民主党派都建立了基层组织，成立了党外知识分子联谊会、留学归国人员联合会、归国华侨联合会等统战团体，学校还成立工会代表大会、教职工代表大会、教授委员会、学生申诉委员会等机制和途径。但是，在实际运行过程中，在学校制定重大制度和决策时，只是按照程序进行征集意见，但是没能广泛有效地倾听师生的意见建议，缺少必要的"温度"。在处理师生信访事项过程中，没能很好地贯彻《信访工作条例》，将信访工作引入法治轨道上，使正当的权益没有很好地、及时地得到维护，最终错过了最佳时机，形成了历史遗留问题。在拓宽高校管理中协商管理的途径，实现高校师生自我管理和自我发展方面效果欠佳，没能很好地贯彻社会主义协商民主制度。

二、问题检视

1. 不落实协商民主，就不利于扩大党的政治参与，增强教职工对中国特色社会主义的道路自信

在高校中，主要依托教职工代表大会、工会会员代表大会、学术委员会、校长信箱、人大代表或政协委员参政议政等形式，如果不能最大限度地扩大教职工的政治参与，就不能使学校决策和管理协商化。

2. 不推进协商民主，就不利于落实党的群众路线，巩固扩大党的执政基础

党的群众路线就是要保持党同人民群众的血肉联系，是我们党最大的政治优势，是党的事业成败的关键。中国共产党执政，不是代替人民当家做主，而是保证和支持人民当家做主。保证和支持人民当家做主，就是要落实党的群众路线，做好群众工作，走好群众路线，保持党同人民群众的血肉联系。在高校中高度集权式的决策模式，已经不能适应自身的发展。在决策中要随时反映民声，听取广大群众的利益诉求，代表教职工的利益。

3. 不推进协商民主，就不利于化解矛盾冲突，促进和谐校园建设

协商民主的实质就是承认利益的多元化，主动协调各方利益，平衡整合各种利益。在高校中，校领导和学院、学院和普通教师、党组织和基层党员、党委与各民主党派之间都可以进行广泛的民主协商，就广大教职工关切的问题发表意见、交流看法、提出建议和解决措施。在协商和交流过程中使职工能够增进理解、消除误会、达成共识，能够得出最大的"利益公约数"，促进校园的和谐发展。

三、实践创新

在高校教育管理体系中，需要引入协商管理的理念，体现两者之间高度的契合性，有助于实现高校内部权力的相互制衡，促进高校决策科学水平的提高。在高校重大事项进行决策时，增加协商管理程序，特别是决策

事关学校发展、教职工及学生切身利益等事项时，广泛征求广大师生的意见，广纳群言、广集民智，丰富学校重大决策所需要的资源信息，能够有效倡导协商管理氛围，使教职工的基层权利得到充分尊重；有助于提升师生创新能力与公民意识，形成优良品格；有助于更大程度上引导师生参与决策过程；有利于促进高水平科研团队的建设和创新力强的学生团队的建设。积极发挥协商管理在新时代高校教育管理中的作用，应从以下几个方面进行创新：

1. 树立协商管理意识思维

高校管理者在遵循高校章程的基础上，积极管理的思维转化，形成多元主体参与的民主决策新模式，找到各利益相关者意愿和要求的"最大公约数"，实现真正的多元协商共治。

2. 完善协商管理体制机制

为实现协商管理效用的最大化，高校行政方要积极主动弥合"协商结构碎片"，构建学校党委领导下的、以协商共治为精髓的、多元共治的高校内部网络管理格局，形成各方主体均衡参与并认真履责的良好运行模式和分歧解决新机制，推进高校章程的深入贯彻。

3. 建设线上协商管理平台

高校作为创新资源最重要的孵化中心，要大胆尝试新技术、新手段在协商管理中的应用。积极搭建"互联网+"新型协商管理线上平台，通过协商决策平台、意见收集处理平台和互动交流平台吸纳更多的利益相关者深层次参与，拉近各多元主体之间的沟通距离；通过推行在线办公机制，实现权力运行公开化和决策过程阳光化，在有效扩大各主体参与度的同时，提高决策效率和决策质量。

专题三　高校教师民主参与教育管理的实现方式

　　本专题主要讨论了我国高校教师民主参与的方式与实践。首先，分析了高校教育管理的内在要素：高校教师民主参与有助于实现高校和谐、健康发展；有助于实现管理高效化与科学化；有助于提升高校组织氛围；有助于教师队伍自我实现与专业化。其次，分析了目前高校教师民主参与存在的问题和误区：多元主体理念误区与角色定位偏差，行政体制与行政权力强势弱化教师参与的影响，职责模糊与运行机制保障不足等问题，其主要是多元主体理念误区、权力失衡所导致。最后，提出了在高校教育管理的实践中，应该通过增强教师参与意识，形成良性参与互动管理模式；协调结构设置，妥善处理学术与行政权力冲突；加强制度建设，推进符合共治的高校教育管理体系等方面的建设来实现高校教育管理良性健康发展。

　　现代高校教育管理是现今大学发展中的重要问题，其核心理念是强调大学行政人员、教师等多元主体及相关者对高校教育管理共同肩负责任。行政人员作为大学合法性的权威，体现在大学发展伊始就已经被人们所认识与认可，但高校教师民主参与过程的重要性是"二战"后尤其是近几十年来才开始被人们所关注和认识的，教师参与现代高校教育管理的共同管理理念也才开始被高等教育领域所接受。作为大学办学的主体，教师是教育的第一资源，对于大学的建设与未来发展具有关键性、决定性作用。

　　健全教育管理体系，提升高校教育管理能力，在 2014 年全国教育工作会议后逐渐开始成为社会及教育界所共同关注的焦点。在日益多元化与复杂化的教育环境中，推进教育管理能力现代化及教育管理体系完善的关键是实现管理结构的转变，是自身管理能力的提升，此问题在高等教育领域的反映则是提升高校的管理能力。作为知识传授者、领导部门与学生的联系者、学生利益的维护者，高校教师在教育政策传达与实践、教育理念的贯彻以及内部管理与治学中发挥着独特的优势。探讨高校管理的改革措施，构建教师队伍参与复合共建的体系，推进高校管理能力的现代化，进而服务于高校立德树人的根本任务，为中华民族伟大复兴培养后备人才。

一、高校教师民主参与的调查设计与实施

1. 关于高校教师民主参与的调查设计

（1）调查目的。准确了解新时代高校教师民主参与的现实状况与面临的困境，进一步深化高等教育综合改革，激发高校内部管理活力，推动高校教师民主参与，提升教师参与高校内部管理的效能，推进高校内部管理体系和管理能力现代化。

（2）问卷编制。借鉴国内外研究成果及郭娇等研制的《高校教师参与大学教育管理量表》，设计《新时代高校教师参与大学教育管理现实困境调查问卷》。该问卷围绕以下四个方面进行考察：高校教师民主参与的动机、领域与途径，高校教师民主参与的制度制定与实施，高校教师民主参与的效果评价，高校教师民主参与技术的运用、培训及推广。其中，高校教师民主参与的动机、领域与途径涉及教师参与管理的主要动机和途径，覆盖院校发展、福利待遇、晋职晋升、学科专业、教育教学、科研学术、交流服务七个方面。高校教师民主参与的制度制定与实施情况包括制度的完善程度、制度的合理性与科学性、制度实施的顺畅性与适切性等。高校教师民主参与的效果评价主要包括评价标准、评价周期、评价机构建设及评价结果运用等，以及高校教师参与大学管理的技术的研发、运用、培训、推广等。

2. 关于高校教师民主参与的现实困境的调查实施

（1）调查对象。选取北方某省 5 所高校 30 名教师为对象，其中部属本科院校教师 7 人，省部共建本科院校教师 6 人，市属本科院校教师 6 人，民办本科院校教师 5 人，高职高专院校教师 6 人。

（2）调查方法。在了解高校教师民主参与的现实困境上主要采用半结构化访谈形式以获得结果。

3. 高校教师民主参与调查的结果

（1）高校教师参与大学管理的动机强烈，但实际参与并不常见。调查结果显示，高校教师对参与大学管理有着强烈的动机，他们认为，通过参与大学教育管理，能使自身的多样化需求得到满足。调查结果同时表明，87.7% 的受访教师认为"全体教师实际参与大学教育管理的行为很少"。与强烈的动机相对照的是，实际参与的教师却很少，形成巨大的反差。调查结果还显示，职称高、学历高的教师，实际参与大学管理的机会和行为

明显多于职称低、学历低的教师。

（2）高校重视教师参与的制度供给，但忽视对教师自身因素的激发。74.9%的受访者认为，通过参与管理，能使自身的多样化需求得到满足，促进心理目标的实现。然而，有67.3%的教师认为"高校教师参与管理的主体角色地位仍然未很好地建立"，52.5%的教师认为"教师参与大学管理的意愿、动机有待进一步激发"，74.3%的教师认为"教师参与大学管理的能力亟待进一步提升"。因此，要提高教师参与大学管理的整体效能，既要重视教师参与大学管理的制度设计、制度供给，又要重点关注教师参与管理的能力等自身因素的发挥和挖掘。通过多种途径培育教师的公共精神，激发教师参与管理的意愿，强化教师参与管理的动机，提升教师参与大学管理的素养和能力。

（3）高校重视教师参与管理程序的呈现，但忽视参与管理的效能的评价。调查显示，86.1%的教师认为"教师参与大学管理效能评价的标准还未建立，评价的专门机构亟待建立"。调查结果还表明，部分教师参与大学管理，往往停留在跟风从众甚至吐槽、抱怨的层面，而真正从学校、学院、学科发展大局出发，具有大局意识和宏阔视野，提出高水平、有价值的提案与建议很少。如此，教师参与学校决策的质量不高、效果较差，教师参与大学管理的形式大于内容，参与管理的效能难以彰显❶。

二、高校教师民主参与的具体方式与要素

21世纪的竞争源于知识的竞争与人才的竞争。作为知识传播的重要载体，大学是人才培养的重要机构，同时也在知识与人才竞争中发挥着不可忽视的作用。作为大学成员的重要构成，教师对知识传播与大学发展的影响不可忽视，在现代高校教育管理中其作用也必须予以重视。

1. 高校教师深度参与有助于实现管理的科学与高效

对于高校来说，管理方案的制定并非最终目的，而管理方案的实施以及实现管理的目标才应该是其重点与初衷。所以管理方案的科学实施并走向实践应该成为其活动成效的核心所在。在高校内部，管理过程的教师参与是实施科学管理方案的基本保证。在此环节中，如果教师失去参与权，在对自身有间接或直接影响的利益进行考虑时往往会失去提出主张

❶ 刘洁. 基于协商民主的我国大学教师参与管理研究［D］. 南宁：广西大学，2014.

与见解的机会，难以产生平等的沟通与交流，使非公平感被权力主体忽视。而管理过程的参与，则在实施的阶段容易产生一种强烈的认同感，减少实施中的阻力，这种认同感源于在制定环节中目标制定者与执行者的统一，所以在具体工作中容易实现责任的承担，执行管理方案的要求，使其更顺利被接受与理解，增强方案的执行性，提高工作效率并实现管理的高效化。

作为一项影响深远的事业，教育尤其是其主营单位学校在其运行的过程中难免出现目标的模糊性以及问题的复杂性。目标的模糊性往往容易使学校教育质量判断缺乏明确、清晰的标准。高校在其运行过程中其复杂性更为明显，这种复杂问题的解决就需要相关人员具备全面而精深的知识。赫伯特·西蒙曾论证指出，作为过程行为的组织管理，每个个体在其过程中都具有有限性，而有限性的解决则依赖于群体化来进行克服。高校教师由于个人经验、专业背景差异，拥有信息量较大，教师参与管理则可以弥补原有管理者技能的不足与信息的缺乏，使管理的各个环节更容易接近"合理"的标准，从而弥补个人理性的局限，提高管理方案的选择空间。另外，作为经过专业训练的教育工作者，高校教师在高校运行的各个环节尤其是在与教育教学、学术研究相关的领域中，其有效参与更是提升运行质量的重要条件，也能避免原有单一性行政人员管理的弊端，提升各个环节的科学性。

2. 高校教师参与现代高校教育管理有助于增强凝聚力

作为典型的利益相关者组织，大学的利益主体包括内部与外部利益相关者，其主体之间相互牵制与影响，其通过不同的方式与途径影响着大学的运行。作为以高深知识为中心的社会组织，大学正如美国教育学家伯顿·克拉克所言，"知识材料，尤其是高深知识材料，处于任何高等教育系统的目的和实质核心"。大学的根本使命也是与知识的特征分不开的，大学与其他组织的差异性也体现在知识的创造与传播之中。所以大学理念也要求在大学管理过程中实现民主化，而民主化的实现过程，作为高深知识掌握者的教师必然应该参与其中。现代的管理已经从原有的人治转向了民主管理，民主管理不仅是为了高校管理目的的实现，而且是管理效率提升的重要方式，而教师对高校教育管理的参与则是顺应民主化浪潮的自然之举❶。参与精神在教育学家杜威看来是民主政治制度的核心，在高校具体运行中的标志与象征之一就是教师的参与，其同时也是民主行动的鲜明体现。大学历来就具有推崇知识文化、科学与民主的组织特性，作为具有高文化、高专业知识、高层次需要特点的教师，其代表的学术权力在高校中具有巨大的影响力与感召力，所以其参与权自然就不可忽视。杜威指出："民主的原则要求每一位教师能够通过某种有规则和有机的方式，直接地或通过民主选举产生的代表们，参与到形成他所在学校的管理目的、方法和内容的过程中去。"所以教师在现代高校教育管理中何时参与、如何参与、程序如何就成为现代高等教育管理研究中亟待解决、不可回避的重要问题。

高校教师参与现代高校教育管理同时也有利于营造和谐融洽的组织人际环境。在我国高校管理实践中，领导者与教师之间的上下级关系不言自明，二者之间管理与被管理的简单关系往往容易使其关系出现紧张并影响相关工作的开展。而教师在参与管理的过程中则容易使其主体地位得到尊重，扩大其参与的程度与范围，往往容易通过相互合作来实现管理者与教师之间管理的完善，优化高校的组织氛围。这种参与能够使思想得到沟通、意见得到交换，并逐渐实现协调能力的增强与提升。这种参与提供了大量的分享与交流的信息平台，使沟通与平等对话得以达成，将高校运行中的各种目标统一起来并形成高度认同的新方案。所以，教师的参与使现代高校教育管理过程中的组织系统内耗得以减少，优化的组织氛围有利于营造和谐的人际环境，从而进一步提升高校的向心力与凝聚力。

3. 高校教师参与现代高校教育管理有助于实现专业化

现代管理制度中的核心，主要体现在制度框架中的主体创造性与积极性的发挥程度以及管理制度下个体的价值与尊严。在此背景下，教师参与现代高校教育管理是对上述要求的契合。作为学校组织的成员，教师不能被简单理解为教育教学活动的工具，其也是学校组织发展与建设的主体力量，是高校教育目标与管理目标实现的主力军。在高校各个环节的运行中，如何使教师通过适当的方式参与管理，从原有"被管理者"的角色走出来，体验高校发展与自身利益的密切关系来提升安全感与归属感，是十分重要和迫切的。教师要通过参与现代高校教育管理来感受到被尊重和

---

❶ 熊德明. 大学教师角色冲突诱因与调适策略［J］. 高校教育管理，2015（1）：94.

被信任，进一步提升自我价值感，从而使需要层次理论中各个环节得以实现。

1966 年联合国教科文组织发布的《关于教师地位的建议》中明确指出，教师职业是一门专业，其工作性质的核心特点是不可替代性，所以教师的发展需要不断的成长与发展，逐渐走向专家型教师。在教师的专业化标准中，教师的专业自主权是被普遍认可的，同时也体现出了教师专业化的内在需求❶。教师参与现代高校教育管理能发挥教师主体的才能与专长，使自身的发展得到极大的推动，成为其专业成长的重要动力源。另外，在自身专业教学以及研究事务中，教师的话语权与决定权应该被赋予，从而推动其专业化成长。专业自主权也是教师在专业技能与知识不断形成与成熟的过程中进行自我管理、自主决策的要求，而高校教育管理的参与也可以理解为教师专业自主权的自然延伸。

三、高校教师民主参与的制约因素与困境

在高校教育管理发展的历史进程中，无论是西方国家还是我国，高等教育都是在遵循自身的独特规律中不断前进的。在中世纪时期，高等教育对概念、理性、方法、论据的探索实现了人们对其的认识，体现了高等教育探寻与传播知识和真理的特性。近代以来，高等教育开始重视其与社会和国家发展的推动作用，高等教育理智特性被高等教育功能所强调。步入现代，知识对于市场的迎合被高等教育所强调，以期满足社会需要及个人发展的价值。高等教育历史的演变内化为高等教育的独特品质，然而在社会急剧变化中，大学的管理是应该遵循社会发展管理模式还是知识本身规律来实现大学自身价值的延续，已成为必须思考的问题，同时，在现代高校教育管理中，各主体的参与尤其是教师主体的参与也出现了诸多困境。

1. 多元主体理念误区与角色定位偏差

在教师参与大学内部管理的过程中，教师主体与校长及行政人员主体在理念上皆不同程度地存在误区。在教师理念方面，作为大学主体的教师，在参与现代高校教育管理方面存在着参与意识不强、民主意识薄弱等

---

❶ 尹晓敏. 利益相关者参与逻辑下的大学管理研究 [M]. 杭州：浙江大学出版社，2010：38.

问题。在当前的教师类型中，无论是担任教学职务的教师还是担任行政职务或学术职务的教师，大多对高校中学术事务的参与热情较高，然而由于我国高校内部行政权力的长期主导，使部分高校教师民主参与的意识并不高，认为其与自身工作的相关性及影响性较小，往往站在立足本职工作的较低层面，这种问题的出现也十分不利于大学内部事务良好管理氛围的形成。正是由于教师在现代高校教育管理领域积极性与主动性的欠缺，一定程度上导致行政人员在此领域的角色取代，不断导致了教师群体在此方面权力的弱化。

另外，在行政人员与校长群体之中，对于教师参与现代高校教育管理的问题也同样存在着一定误区。在党委领导的校长负责制下，我国高校校长在高校教师民主参与方面成为十分关键的角色。校长对教师参与现代高校教育管理的意识、态度以及校长自身的领导风格及工作方式等都会对其产生一定程度的影响。当前教师在参与大学内部管理的多种模式中，虽然其在管理方面地位在不断增强，权力也在不断发展，然而在此过程中，校长在事务决定权中的权威地位并未动摇。校长在高校教师民主参与工作方面的意识较弱，在学校的具体工作环节中往往难以听从教师的建议，忽视教师主体在此方面的重要性。

还有部分校长认为，教师在高校中更应该集中时间精力去进行教学与科学研究，没有必要参与学校相关事务的管理，诸如此类错误认识都一定程度上对高校教师民主参与产生了障碍。另外，学术、行政二元权力结构中地位的偏斜，也导致了高校行政人员在管理方面的强势地位，并未对教师在此过程中的角色与地位予以应有的重视。

2. 行政管理体制与行政权力强势弱化教师参与的影响

现代高校教育管理表现为代表不同利益、不同权力的大学各相关管理者对大学事务的共同管理。从当前我国高校的内部分析来看，主要存在着行政权力、学术权力、党委权力以及学生权力等，而在此权力范畴中，前三种权力在当前大学发展的过程中影响较大。我国大学的内部管理体制在中华人民共和国成立后虽然经历了多次调整与变化，然而党政权力在整个过程中的主导地位并未得到根本性转变，教师在此环节中所处的弱势地位给其参与现代高校教育管理方面带来了诸多阻力。

由于党委领导下的校长负责制等制度的影响，在高校中，党政权力长期处于强势地位，在大学机构的设置与运行中以及相关职员的任命都表现出较为明显的科层制特征，所以在高校教育管理模式中科层制的烙印也较为强烈，上下等级的金字塔体系较为明显❶。高校中作为主体身份的教师在现实中往往成为行政人员管理过程中的工具与对象，教师应有的主导空间被行政权力所介入，并日益发展成了高校的常态❷。虽然在委员会和职代会结合的模式中，教师在高校教育管理及决策方面具备了一定的权力，但是在行政事务领域却依然仅仅发挥着建议及咨询权，重大事务仍然由党政部门决定或由其提议。

高校教师民主参与权力的行使往往受到党政权力的影响。立足于保障高校教师民主参与权利，我国在高校内部分别建立了诸如教职工代表大会以及学位委员会、学术委员会、教学指导委员会、职称评定委员会等组织，然而在上述机构中，其主要成员往往更多的是由高校的行政领导指派或者兼任。这也就使上述组织在具体活动中也较多的是为了完成与配合校长办公室、党委以及其他校内行政部门的任务与活动。在这种"双会"结合模式下，虽然保证了教师的最基础参与权利，然而权力无论是从范围还是从深度上来说都显得差强人意，仍然停留在咨询层面，更多的是处于被动地位，在行政事务主导的作用下，很多学术事务也遵循了行政事务的形式，背离了大学学术导向的基本原则，使学术在高校的影响进一步弱化。

在高等教育发展的大背景下，长期处于强势地位的党政权力，随着体制改革落实而越来越受到教师学术权力及参与权力的冲击与挑战，这也增加了行政人员与教师在组织中发生潜在冲突的可能性。这种潜在冲突的情况容易在高校内部出现行政决定的教师不配合以及教师学术事务受到行政人员制约等多种问题。

3. 职责模糊与运行机制保障不足

《中华人民共和国高等教育法》从 1999 年开始在我国实施，该法中规定高校要建立学术委员会以及教职工代表大会，以此来进一步保障高校教师民主管理的权力，在实施的过程中推进了各高校建立相应规章制度来保障学术与民主管理机构的建立。然而就这些制度的分析来看，相关制度更多的是给予宏观性的指导，其落实往往需要各高校的实施细则来进行。然

---

❶ 陈大兴. 制度学逻辑下的高校大部制改革：缘起、挑战与前瞻［J］. 研究生教育研究，2013（2）：2.

❷ 邱晓雅. 高校教师参与决策的困境及机制创新［J］. 教育发展研究，2009（3）：82.

而这些实施细则在现实的高校之中是缺失的，大部分高校并未明确高校教师民主参与章程，这就导致了在高校教育管理机构中教师主体的职责是不明确的，随意性较大，这也就影响了其参与管理的效果。加之运行机制缺乏以及制度保障不足，更容易使教师参与管理沦为一纸空文。

通常来说，权力与制度是相互渗透的。从结构和设计方面来看，现代大学的制度属于传统的机械式科层架构，其组织往往强调的是诸如理性化、效率化、系统化、标准化、等级化等特点。其中理性化是指崇尚理性思维，重视理性解决组织问题；效率化意味着管理成败的检验标准和重点落脚在效率；系统化是指组织内部各负其责、各司其职；标准化是指组织结构的进一步完善，使常设机构固定，从而使责任分工进一步明确；等级化是指组织运行的等级性，即上下级的指导与服从的关系被强调。

作为追求高深学问的大学，其本质上是通过知识的运用来批判、观察、预测、想象和解释一系列活动❶。这种活动需要思想上的解放与学术上的自由。例如，在运行过程中心存禁忌不敢畅所欲言就容易使结论扭曲，片面歪曲知识，妨碍学术发展。所以这种机械式的科层管理所表现出的层级化等问题压抑了主体的新思想与工作积极性，即使在一定程度上提升了大学的管理效率，迎合了社会中的效率崇拜，然而此种制度设计与大学的本质在自由思想理念的认识上是相违背的。

在高校教育管理的过程中，教师会遇到难以摆脱的本质性难题，即教师通过减少教学研究时间来处理行政管理工作，或者在管理过程中让出部分决策权，从而缓解现实中的冲突。长此以往，权力会逐渐发展流转，逐渐流向专门从事行政管理工作的行政人员。所以在认识大学组织特性的过程中，如果不能正确摆位，过度强调权力行使制度的标准化与效率化，那么必然会导致部分行政权力的膨胀，使其超越原有界限，并出现与学术之间的矛盾与冲突。

四、高校教师民主参与的对策与实践方式

教师参与现代高校教育管理中所形成的困境与挑战既与高校自身的组织形态有关，又与高等教育管理体制等相关。为了进一步提升高校教育管

---

❶ 郭卉. 大学管理中教师与行政人员的关系：基于社会资本的研究［J］. 现代大学教育，2005（3）：49.

理能力,强化高校教师在此过程中的参与,应该有效挖掘高校教师民主参与的潜能与积极性,在管理背景下提升教师参与意识进而提升高校教育管理体系与管理能力的现代化。

1. 增强教师参与意识,形成良性参与互动管理模式

教师的主动与积极参与是大学多元管理实施以及效率提升的基本前提。从大学教师的现状来看,大部分教师认同其参与高校教育管理的合理性,然而在其主动性方面表现较为低沉,热情不高,参与意识不浓,原有的角色惯性使其容易发现学校管理中的问题,却将其看作职能部门与党政领导的责任。所以,在提升高校领导观念,使其加强与教师沟通,提升教师参与度的同时,更应该重视对教师进行教育引导,通过多种方式提升教师对参与管理的认同感,提升教师的系统思考能力。教师应该意识到,参与学校管理既可实现学校管理的提升与发展,又是自身观念、知识、专业的发挥过程,使自身专业发展不断成熟,实现自身的双重价值。所以,教师应该以一种积极的态度投入学校的管理之中,实现管理意识的转变。

随着我国教育现代化程度的不断深入,传统大学中党政权力主导的管理模式已经不适应当前的发展趋势与要求。树立以人为本的理念,进一步提升教师在高校教育管理中的作用,已经是我国大学未来改革的宏观方向。在当前大学中,普遍存在一种教师是客体或次要主体的错误认识,认为其应该隶属于党政权力的安排。这种错误观念违背了"学术是大学本质"的规律,忽视了教师在学术中的核心地位,所以只有切实尊重高校教育管理中教师的地位,才能够有效推进大学社会责任的履行以及大学的良性发展。

所以,应该转变传统观念,进一步树立以人为本的文化理念,使大学的各利益相关者尤其是高校教师能够有效发挥其积极性与主动性,摒弃原有传统管理理念。在此过程中,应该要求大学在整个管理过程中能够明确划分其主客体,将人本理念贯彻到管理之中,将其客体地位转化为主体地位,有效提升教师在高校教育管理中的效率。

从世界范围来看,很多著名大学之所以能够屹立世界高校之林,就是在高校教育管理中教师的有效参与,将教师视为大学之本。例如,早在1915年美国就成立了"美国大学教授协会",通过此机构来进一步维护学术自由,提升教师在管理中尤其是学术管理中的权力,使其在大学内部的院系管理中权力不断提升。在此背景下,协会的推动也使教师的权力与参

与意识不断提升，逐渐形成了高校教师民主参与的评议会模式。

所以，教师在高校教育管理中所发挥的作用与大学的发展是密切相关的。要切实坚持"教师是大学人力资源的第一资源"的理念，看到教师对大学内在规律与发展认识的权威性，进一步给予教师在高校教育管理方面的权力与保障机制，使其形成一种相对良好和宽松的参与氛围。这种氛围使教师的参与权限得以扩展，人际关系更为和谐，缓和与行政人员的权力博弈，形成一种良好的参与互动管理模式。

2. 协调机构设置，妥善处理学术与行政权力冲突

在高校教育管理的进一步推进过程中，要实现行政权力、学术权力与次级权力的协调发展，需要对各种属性工作进行深刻全面的剖析，理解其各种权力的重要性与合理性。在此基础上，要以大学的复合共治体系的宏观与整体性为出发点，对其权力类型进行进一步科学定位，使学术权力的核心地位得以彰显，使次级权力以及行政权力辅助地位得以明确。让原有官僚化倾向向实用主义倾向进行转变，提供给教师队伍合理的职业定位环境，使其能够对自身能力与资源进行深入合理判断，提升在高校管理中影响与权威的审视能力❶。

从现今我国大学的现状来看，高校教师民主参与的机构中主要包括学术委员会、职称评审委员会、教授委员会等。但是这些机构由于性质的明确性不强，以至于很多机构的性质被行政化烙印所覆盖。为了进一步提升这些机构所形成的合力，实现教师在高校教育管理中的有效参与，就需要对当前机构进一步整合，明确当前大学中的一些党政机构与众多教师参与机构之间的复杂关系，并妥善处理各种冲突。在德国的柏林大学，在高校教师民主参与环节中主要以正教授的模式来实现的，正教授通过大学内部评议会为平台实现对高校教育管理的参与。在柏林大学的评议会结构中，其结构特点是金字塔式的，位于其底部的是柏林大学正教授的讲座制，其上层包括最顶端的校评议会以及附属其下的院评议会和系评议会，其权力也是逐层减弱的。从其中可以看出，正教授是高校教育管理与发展的主导力量。依托评议会，正教授对学校行政事务及学术事务进行参与，并专设机构来实现与行政部门之间问题与关系的协调。类似于柏林大学，美国高校中对于高校教师民主参与也设置了评议会（教授会）来进行。

---

❶ 周湖勇. 大学有效管理的法理分析 [J]. 中国高教研究，2014（3）：9.

从德国与美国的高校教师民主参与机构的设置及运行方面来看，为了发挥我国高校教师在高校教育管理方面的作用，也需要建立统一的机构，诸如民主管理机构、教师联合会等。这种机构在对高校教师民主参与进行组织与纪律约束的同时，能够有效提升其管理效能，使其参与管理的地位进一步巩固，与此同时，也提升了其与行政人员间的良好互动。作为学术性组织的大学，学术与行政事务往往在运行时难以有效区分，为了避免和解决这种交叉现象的出现，需在教师参与管理的环节中设置相关部门来解决相关关系的处理问题。或者也可以设置独立于教师机构与行政部门的专门机构来进行相关问题的协调，其成员由学术与行政人员共同担任，并建立在党委监督的前提下。学术与行政事务关系到每一所大学的发展，无论何种类型的高校都应该考虑在高校教育管理的过程中设置上述机构，以此来实现权力冲突、博弈等问题的有效解决。

3. 加强制度建设，推进符合共治的高校教育管理体系

在《中华人民共和国高等教育法》中规定了学术权力与行政权力之间的分工，然而在这些规定中，由于缺乏明确的边界限定以及制衡机制，使此方面内容相对来说原则性较强。这种问题也容易导致在具体的大学管理实践中出现权力矛盾的问题，并未真正形成权力之间融合的运行效果与运行机制。虽然当前高校依据自身的基本情况进行了相应规章制度的建设，然而这些规章制度也较多表现出原则的指导，在行政权指导的体制背景下实施过程也较为困难。所以在面对此问题时，应该通过大学章程或教育法律来规范各个权力主体，对其中的运行方式进行进一步的制度化明确，使各主体间的权力边界进一步明晰，以制度的方式实现对权力的制约、协调与平衡。

在国外的大学实践之中，很多高校在此方面进行了较为有益的探索。美国的大学除了一般法律约束外，还享有高度自治权，政府干涉较少，这种大学自治权能够为高校教师民主参与提供基础性条件。美国各高校也都依据自身的条件与发展制定了自己的大学章程。原有大学发展中教师并不具有参与管理的权力，在 1925 年哈佛大学修订大学章程后，其规定院系之中应该有管理科研与教学的委员会，该委员会由教授构成，并规定院长、系主任分别由教授轮流担任。自此，教师在参与高校教育管理的进程中才得以取得实质性进展。历经数十年的发展，对于高校教师民主参与的相关规章制度也在不断丰富和完善，逐渐形成了教师对学术事务负责与行

政人员对行政事务负责的协商性管理模式❶。

从国外的实践中可以看出，制度保障尤其是国家层面的制度保障对于高校教师民主参与十分重要，其也是大学自治的重要体现，相关规章制度的制定与进一步完善是使管理多元化和高效化的基础性条件与保障。所以我国应该进一步建立健全高校教师民主参与的规章制度，这种制度既包括国家层面也包括大学内部层面的。我国虽然在《国家中长期教育改革和发展规划纲要（2010—2020年）》中提出了大学的法人与自治权以及大学教师的权力等，然而在具体的教育实践中，高校自治权并未得到有效的落实，真正意义上的法人地位从目前来看还具有一定的距离。

所以，针对该问题，国家应该依据大学的特点制定管理政策，细化管理规定，进一步出台相关规章制度。对于科研型高校，应该给予更多的充分自治权，实现方向上的宏观指导与支持等。为了将相关政策与制度落到实处，国家也可以设置相关的监督机构来推进其实施。在高校内部进一步加强大学章程与制度建设，并将其纳入重点建设范畴，从而进一步明确教师、党政等权力的边界，实现其有效互动。在执行的环节要严格根据章程进行高校教育管理，保障教师权力的协调配置与和谐发展，逐步推进符合共治的高校教育管理体系的丰富与完善。

创新实践案例

一、案例概况

某高校不断扩大行政部门数量和工作人员数量，基层学院也在不断地"裂变"，导致行政职能和专业设置越分越细。行政部门在实行管理过程中，不重视教师民主参与的作用，而习惯于采取行政命令式的手段。学校在制定教师参与教育管理的制度时，大多是从各职能部门来推动，没有深入基层学院调研，仅参考兄弟院校的经验做法，就形成一个职能部门的初步意见，该意见也没有广泛征求全校职工意见，只是按照行政程序向相关领导汇报，然后提交教职工代表大会讨论通过。最终，该制度在管理过程

---

❶ 李巧针. 美国大学董事会、校长、评议会权力关系解析及启示［J］. 国家教育行政学院学报，2007（11）：20.

中发挥作用一般，遭到很多教师的诟病。

二、问题检视

（1）高校管理机构部门林立，教学、科研本位的意识不强，有些高校机关人员将教职员工当成受教育的客体，这种纵向的组织结构阻碍了民主管理气氛的形成。高校民主化管理的法制意识淡薄，教职员工行使民主化管理、民主化监督与民主化决策权利缺乏法律支持，在民主化管理过程中往往缺乏程序观念。

（2）高校教师代表大会、工会会员代表大会、校务公开会、教代会民主评议等民主化机制建设还很不完善，有些流于形式，走过场，需要进一步推动和改革。教代会性质模糊，与职权相矛盾，权限设定太多，不符合高校实际，使教代会不能有效地保障教师参与民主化管理和监督。

（3）有些高校教代会上许多涉及教职员工切身利益的提案得不到落实，教职员工的权益受到侵犯不找工会，而是直接找学校党政领导。高校的这种文化背景不利于建立高校现代化大学制度的进程、民主管理工作的运行和依法维权工作的步伐。由于当前高校民主化管理仍然不够理想，教师参与学校管理渠道不畅，广大教师的参与积极性不高，他们的主观能动性也未能最大限度地发挥出来。

三、实践创新

在本案例中，可以总结出推动高校教师民主参与的途径：

（1）增强教师参与决策的意识。在高校教育管理中，不少教师认为高校的许多重大事务决策跟自己没有多大关系或根本不相关。一些行政人员及高校的办学主体对于高校教师民主参与也存在误区，对教师参与大学管理工作方面的意识比较薄弱，认为教师的本职工作就是搞好教学和科研，教师根本没有必要参与其他事务。因此，应消除对高校教师民主参与的误区，使教师积极主动地行使自己高校教育管理主体的权利，切实提高教师参与高校教育管理的主人翁意识。

（2）提高教师参与决策的能力。高校管理层应加强教师参与决策必备知识和技能的培训指导，增强教师的角色意识和参与能力。同时，利用校园网络资源，通过各学院网站、微信群及 OA 办公平台等渠道，向教师通报学校重大事务的进展情况，积极征求广大师生的意见和建议，使更多的普通教师参与到学校的发展规划中来。学校领导层能够听到不同层次人员的声音，加大学校办事公开的透明度，使教师切实享有民主参与和民主监督的权利。

（3）增加教师参与决策的渠道和方式。高校管理者应从学校和院系两个层面入手，完善校、院两级教代会、学术委员会、学位委员会、课程建设委员会、教学指导委员会等学术管理组织的章程、议事规则和工作程序；从参加人员的代表性和人员比例入手，适当放宽参与人员的职称和职务条件，让更多的教师参与进来，提高其参与的积极性；从增加教师参与决策的方式途径入手，利用网络资源和各种办事公开系统，畅通教师参与决策的渠道，使教师能够不定期、不定时地表达自己的意见，充分发表对学校、院系重大事务的看法，以便及时反馈和妥善解决教师的合理化诉求，丰富高校教育管理的理论和实践体系。

专题四　高校博士后的教育管理制度研究

　　本专题主要研究我国高校博士后的管理制度具有培养和用工的双重属性。我国高校博士后制度是在借鉴美国经验的基础上发展起来的，分析中美两国在高校晋升体制、劳动标准适用和博士后管理方式上的差异，能够给我国在博士后培养和用工的实现方式上提供有力的借鉴。在当前高校博士后制度框架下，我国应当明确劳动用工的定位，加强作为职工的教育管理制度，淡化人才培养的形式化设计，在多样化用工需求和实际工作中建立符合博士后职业发展的用工机制，同时促进高校教育管理体制和用工体制的改革。

　　随着博士数量的增加和高校普通教师需求的缓慢增长，从事博士后研究工作成为诸多博士毕业生的一项重要选择。特别是近些年，博士后制度日益得到重视和广泛推动，薪酬待遇和各项福利也得到了显著的提升，这在一定程度上促进了博士后人数的增长以及人们对这一制度的认同。国外博士后制度可以追溯到19世纪70年代欧洲研究机构中的学徒制形式。美国约翰·霍普金斯大学在1876年成立后不久就采用了这种学徒制的形式，并在当年设立了一项特别研究基金，供青年学者从事科学研究。在这种面向高层次人才的学徒制模式基础上，美国官方将博士后界定为通过短期培养获取未来的职业发展，即"具备博士或相等学历者，在专人指导下进行短期研究或学术训练，以获取日后在专业领域职业生涯所需之专业技能与独立研究之能力"。这种特殊的学习训练制度，无疑给国家的科学研究和科技人才的成长提供了充分的发展空间。

　　我国高校博士后制度在借鉴美国经验的基础上逐步创建和发展起来，与美国博士后制度有着近似的功能定位。从制度设计的初衷来看，博士后类似于一种学术领域的学徒制，它并不是一种完全的、典型的职业形态，而是更接近于劳动力市场的劳动教育阶段，同时具有培养和用工的诉求。这两种不同的功能定位在同一制度之中如何体现，其实际效果如何，关系到我国高校博士后未来发展与制度改革的重要方向。博士后制度在实现社会经济效用的同时，是否能够促进博士后本人的职业发展，既是彰显人文关怀和体面劳动的重要标准，也是衡量这一制度效果的关键所在。基于此，在人才培养和劳动用工的视角下，分析我国高校博士后制度的现实表现及其问题所在，并基于与美国博士后制度的比较分析，以提出完善我国博士后制度的对策建议。

一、我国高校博士后管理制度的现状调查

1. 我国高校博士后管理制度的现实表现

（1）博士后的培养功能逐渐被用工功能替代。一直以来，博士后制度被视为我国高层次创新型青年人才的一项培养制度。我国博士后制度的主要倡导者李政道先生认为[1]："真正做研究前，还必须学习和锻炼如何自己找方向、找方法、找结果，这个锻炼的阶段就是博士后。"我国有关博士后管理的相关规范性文件都特别强调了博士后制度作为人才培养的功能定位，并从人才培养的角度进行了相关制度设计。然而，博士后并非普通教育中的受教育者，也并未配备严格的培养计划和方案。在培养功能定位的基础上，博士后制度并未建立起相应的培养机制，却将博士后置于职业化的劳动场域之中，便不可避免地会将其转化为学术市场的劳动力。

尽管博士后被视为高校的"正式职工"，但由于短期化的限制导致其不存在对体制的高度依赖性，高校不仅能够凭借这一制度促进学术用工的灵活性和竞争机制，而且能够有效推动科研成果的产出。高校将博士后的管理办法、奖励方案以及出站考核标准都集中在发表科研成果和主持研究项目上，并对成果突出者给予高额的金钱奖励，从而得以将科研成果的压力顺利地转嫁给了对此有着迫切需求的博士后。作为一股愿意付出并对未来充满期待的新生力量，博士后无疑能够给高校和科研机构带来重大的收益。在获批国家自然科学基金的申请人、发表 CNS 顶级论文的作者之中，博士后所占的比重异常突出[2]，这说明博士后的学术水平及其创造学术成果的强烈愿望，也恰恰迎合了高校对其劳动力价值使用的目的所在。

---

[1] 李政道. 前程似锦的中国博士后事业——纪念中国博士后制度建立 25 周年 [J]. 中国博士后，2010（G00）：32-35.

[2] 孙珩. 中国博士后：学者"摇篮"，还是论文主力军？[EB/OL].（2019-12-03）[2020-03-25]. https：//www. Thepaper. cn/newsDetail_forward_5094113.

（2）高校博士后制度呈现多样化的职业形态。在国内，博士后作为一种职业，并不是一种典型的职业状态。国家对博士后的年龄和工作的最长期限存在特殊的限制，使这一岗位具有较强的流动性质，与传统学术研究和高校教职相对长期和固定化的从业特征明显不同。随着高校劳动人事制度的改革，这种非典型的职业状态在现实中产生了多种多样的形式。

从工作形式来看，从事博士后研究的人员不再仅仅局限于毕业不久且尚未就业的博士生，已经就业而辞去教职从事全职博士后研究的，以及在职从事博士后研究的，均颇为常见。不同的职业发展阶段决定了博士后工作的目标各异。尚未就业或者辞去原工作者，则对博士后未来的职业发展更加看重，既有得到培养的渴望，又有劳动力价值认同的需要；而在职从事博士后研究者，由于不存在就业压力，往往对博士后的学术训练和形式化意义更加看重。

从培养形式和工作内容来看，博士后的培养形式并不仅仅限于科学研究工作和一般化的学术训练，还会以各种形式参与到高校的实际工作之中。部分博士后尽管形式上存在合作导师，但是仍然处于较为独立的工作状态。有的高校博士后还需要承担一些教学工作，"师资博士后"更是如此。不同培养形式和工作内容决定了博士后功能定位的不同效果。教学工作参与较为广泛和量化考核严格的，则劳动用工功能较为突出；而专注于共同开展科学研究的，人才培养功能则更为突出一些。但实际上，不同的培养形式往往是相互交织在一起的，劳动用工和人才培养，越发难以区分。

从薪酬待遇和资金保障方面来看，博士后工作绩效的要求不同，薪酬待遇也呈现较大的差异。当前国内高校博士后的待遇相比之前已经得到了很大的提高，但是各个高校的差距逐渐扩大，每年的基本薪酬从数万元到二三十万元不等，能够发表高端论文、获得各种研究项目和入选专项计划的往往给予更高的奖励和配套经费❶，甚至个别高校设定的博士后总薪酬最高可达 100 万元。在部分博士后获取高额薪金的背后，博士后制度的培养功能就已经荡然无存了，在量化的考核指标之下，只有劳动用工的功能在发挥着作用。

---

❶ 邸利会，陈晓雪. 高薪难留人：中国博士后的"钱途"与命运 [EB/OL]. （2017-09-01）[2020-03-25]. http：//www. Xinhuanet. com/2017-09/01/c_1121581029. htm.

（3）博士后成为高校用工制度变革的重要促进力量。一直以来，高校体制的改革进程相对缓慢，屡遭诟病。这与用工制度及其实施情况息息相关。我国高校用工以相对固定化的事业编制为主。这种以国家用工为背景的劳动人事制度在为职工提供了有力保障的同时，对人才流动和绩效激励方面存在的束缚也相对较多。尽管我国高校在事业编制之外已经采取了人事代理、劳务派遣等劳动合同制度下的多元化用工形式❶，诸多高校也在教学科研岗位引入了各种竞争制度，但是人才流动的流转机制并未真正建立起来。高校基于工作量分担、师生配比等多种因素的考量，对于教职工人数的增加有着迫切的需求，很难按照企业化的运作模式相对自由地流转。

博士后制度的应用，则给高校用工制度的变化带来了活力。短期化的雇佣形式在博士后到期出站时，能够给高校和博士后本人双方重新选择的机会。因此，诸多高校利用博士后制度在用工体制的改革方面进行了诸多探索。有的高校为了扩大预聘师资的储备，将博士后与助理研究员、特聘副研究员或者副教授等岗位并轨，以年度考核和聘期考核作为出站后申请相应职称的条件。此外，也有高校对新进教师一律实行专职博士后制度，在达到相应条件之后，才能转为专任教师从事教学科研工作。这种形式被国内众多高校称为"师资博士后"。实际上，这种制度是高校对正规求职者延长考察期限，以实现其人才招聘的最优化。这说明博士后制度已经成为高校用工制度变革的重要突破口和促进力量。

2. 博士后制度的评价

尽管博士后制度被定位为一种人才培养制度，但是从现实的博士后质量评价体系和管理过程来看，博士后期间的核心内容是研究课题项目❷、发表学术成果❸和接受任务考核❹，而这些内容通常都以指标化的形式确立。虽然这些核心内容无一不强调劳动成果的意义，但是事实上却将创新知识

❶ 张涛. 高校编外用工管理存在的问题及对策研究：以河南省为例［J］. 河南社会科学，2013（8）：59-60.

❷ 史万兵，李广海. 协同创新与博士后培养模式的重构［J］. 国家教育行政学院学报，2013（6）：24-27.

❸ Beryl Lieff Benderly. A different kind of postdoc experience［EB/OL］.（2015-06-03）［2020-03-25］.

❹ 汪传艳，任超. 我国博士后人才培养：问题与展望［J］. 科技管理研究，2016（16）：24-27.

与探索真理的精神活动简单"物化"为经济活动❶,虽然体现了对博士后劳动力价值的应用,但是并未反映出高校培养体系的设计思路。

同时,我国博士后的劳动用工与正式用工体制在形式上是相同的,他们与高校签订聘用合同或者劳动合同,均被视为"正式职工"。但是,由于博士后的特殊管理规则,他们无法完全适用《事业单位人事管理条例》或者《劳动合同法》中关于聘用(劳动)合同履行和解除条件等规则。事实上,博士后签订的聘用(劳动)合同除了确认了社会保障功能之外,在更大意义上只是起到了一种宣告的作用,很难起到协调劳动人事关系的实质作用。这种特殊的、短期的、非常规的劳动,使博士后用工制度成为一种特殊的形态,游离于正式劳动人事制度的边缘。

二、中外高校博士后管理制度的比较分析

我国高校博士后制度主要是在借鉴美国经验的基础上发展起来的。中美两国在博士后制度上存在一定的共性,有着近似一致的功能诉求,并且都得益于国家资金的投入和法律政策的支持,但是仍然存在显著的差异(表1)。

通过高校晋升体制、劳动标准的适用和博士后管理方式等方面的比较来看,美国对博士后制度并无严格界定,更加注重运用灵活化的管理方式实现其培养和用工的诉求,在体制与标准层面更加侧重于工作绩效和岗位职责的实质内容;而我国则更加注重通过组织化的管理形式和制度设计确立培养和用工的定位,在体制与标准层面更加侧重于新制度的应用和工作的量化。

表1 中美博士后制度侧重点的比较

比较项目	美国	中国
高校晋升体制	绩效	编制
劳动标准的适用	职责	量化
博士后管理方式	灵活化	组织化

---

❶ 赵俊芳. 新中国成立以来我国高校人事制度回溯及评价 [J]. 中国高教研究,2019(8):25–31.

1．高校晋升体制："绩效"与"编制"的差异

我国与美国在高校用工的运作思路上存在一定的共性，即两国都是通过一系列的评价引导教职工进入某一特定体系之中。这种评价一般都会集中于学术成果、教学水平和社会贡献等。然而在高校用工的体制及其导向上，两国却存在较大的差别。美国高校用工体制是在一元化雇佣体系内通过压力考评机制引导从业人员进入终身教职，要维持这种终身教职的权利和地位，还必须满足高校对其绩效增加的要求，因而更加侧重于"绩效"。我国的高校用工体制则是在多元化的劳动人事体系内，通过压力考评机制引导从业人员进入国家用工的事业编制并获取有力的制度性保障，要维持制度的正常运转，必须不断地引入新人，在事业编制与非正式雇佣制度之间进行升级，因而更加侧重于"编制"。

美国高校教职体系的核心是终身教职（tenure track）制度，其设计是用共同的专业价值、标准、权利与责任让不同的教职员工可以整合在同一系统之下。这一体系的重要特点就是，在固定的期限内如果无法获得终身教职，就意味着高校可以终止劳动契约。一旦获取了终身教职，则获得了一种经济安全与工作安全的保障，更是学术自由的最佳防线。对于想在高校从事教职的人员，他们从事博士后研究的动机，就是期望通过一系列的学术训练过渡到终身教职之列❶。事实上，美国这种终身教职制度沿用至今，褒贬意见不一而足，但它并非一种绝对化的"终身制"或者"铁饭碗"。美国劳动法遵循的是任意雇佣原则，不存在劳动力市场的体制化分割问题，高校教师与其他领域的从业者一样都属于劳动力市场的劳动者。在诸多情形之下，终身教授依然可以被解雇。例如，教授出现不履行劳动合同义务，违反法律和学术道德，出于经济或其他原因取消任职部门，甚至绩效评估时"学术增量"为零等情形，都可能会受到解雇。

我国部分高校也采取了类似于美国终身教职的"非升即走"政策。事实上，这种政策的制定显然忽视了我国与美国不同的高校用工体制。我国高校的骨干教职员工以事业编制为主。这种用工体制在工资标准、福利待遇和职业前景等方面存在国家保障而更具优势，与一般劳动力市场中的劳

---

❶ Kahn S，Ginther D．The impact of postdoctoral training on early careers in biomedicine［J］．Nat Biotechnol，2017（35）：90–94．

动者不同。尽管我国一直在推进事业单位改革，但是整个社会并未建立起全体适用的劳动合同制度，高校的事业编制依然是主流的用工形式，且在职称晋升的制度上形成了较强的路径依赖❶。这就决定了我国高校用工的市场化程度并不高，还无法发挥市场在资源配置中的决定性作用。在这一背景下，为了改善体制造成的障碍，高校只能不断地引入新人，并将其纳入未来制度保障的美好预期之中。近年来，我国博士后人数的迅猛增长，与其说是博士后制度的吸引，毋宁说是对未来用工保障的一种期望。尽管高校用工呈现多元化的发展格局，但是最终的优势竞争者逐渐流向了更具保障性的事业编制，人事代理、劳务派遣等劳动合同的用工制度却被视为非正式的岗位而在职业发展上受到了阻碍。

2. 劳动标准的适用："职责"与"量化"的差异

我国与美国都将博士后作为教职员工或者专业技术人员纳入了相应的劳动（人事）关系之中，但是在以加班费管理为主的劳动标准适用方面却迥然不同，这反映了两国不同的工作评价标准。美国《公平劳动标准法案》对加班费等劳动标准做出了细致的规定，雇主可以主张针对"教师"岗位的加班费豁免资格，但是其他专业人员的豁免则需要符合严格的审查条件。博士后属于"教师"还是一般专业人员，须要通过实际"工作职责"的审查之后，才能确定其是否具有加班费豁免的资格。我国高校尽管存在体制上的差别，但是在劳动标准的适用方面并无特别规定，高校教职员工在具体工作中只能通过量化的标准，将工作内容和考核指标转换为"工作量"，这实际上已经完全消解了加班费的意义。由此来看，美国侧重于工作的"职责"，我国侧重于工作成果的"量化"。

根据美国劳动部的指导意见，博士后不同于担任研究助理的学生，他们是高等教育机构雇佣从事研究相关工作的受雇人，该受雇人须先获得博士学位才能具备聘用资格，因此博士后参与研究活动属于工作范畴，而非学习活动❷。在劳动基准的适用方面，受雇人有权根据《公平劳动标准法案》向雇主请求周标准工时 40 小时外 1.5 倍的加班费，但是在特定条件下具有加班费的豁免资格。该豁免资格的认定需要符合三个检验条件，即

---

❶ 徐苏兰，段鑫星. 中国高校教师职称晋升制度变迁的轨迹及逻辑：基于历史制度主义的视角［J］. 江苏高教，2020（3）：50-58.

❷ 同❶。

薪资基础要件（salary basis test）、薪资门槛要件（salary threshold test）和职务要件（duties test）。然而，根据《公平劳动标准法案》的规定，高校聘用的主要职务为教学、辅导、指导或讲课等传递知识活动的教师，不论其薪资水平是否达法定门槛，都不适用基本工资和加班费的规定。博士后是否具有加班费的豁免资格，美国法的审查标准取决于其实际工作的职责，仅凭职位头衔不足以确定是否满足专业人员的职务要件。如果高校聘用的博士后主要职务是从事教学、指导学生的业务，构成"教师"类专业人员，则无适用的薪资门槛检验标准❶。反之，则高校应当依法支付加班费。当加班费支付规则调整之后，美国高校博士后岗位的薪资通常也会普遍调整。为了避免支付加班费，各高校普遍将博士后待遇调整到了法定门槛之上。

事实上，美国高校博士后的待遇往往会高于法定门槛。实践中，各高校聘用博士后时，往往以美国国家卫生研究院（NIH）发布的"国家研究服务奖奖助金标准表"❷作为确认薪金的依据或者参考（表2），而不论其资金是否来自它们的经费。例如，哈佛陈曾熙公共卫生学院设定的博士后薪酬准则❸，以及加州大学博士后工会与校方签订集体合同中确定的薪酬标准❹。

表2　NIH 国家研究服务奖奖助金标准表　　　　单位：美元

年限	2018年	2023年
0	43692	52704
1	45444	53076

❶ Wage and Hour Division, US DOL. Guidance for Higher Education Institutions on Paying Overtime under the Fair Labor Standards Act［EB/OL］.（2016-05-18）［2020-03-05］.

❷ 同❶。

❸ Ruth L. Kirschstein. National Research Service Award（NRSA）Stipends, Tuition/Feesand Other Budgetary Levels Effective for Fiscal Year 2020.［EB/OL］.（2020-02-07）［2020-03-25］.

❹ Office of Faculty Affairs. Postdoc Salary Guidelines of Harvard T. H. ChanSchool［EB/OL］.（2020-02-20）［2020-03-25］.

年限	2018年	2023年
2	47268	53460
3	49152	55596
4	51120	57456
5	53160	59580
6	55296	61800
7年及其以上	57504	64008

在劳动标准的适用方面，我国高校博士后与一般性的劳动者并无过多差别，我国也并未针对高等教育领域制定特殊规则。在薪酬支付上，博士后同样适用地方政府确定的最低工资标准。事实上，我国这种相对较低的最低工资标准对于高校教职员工来讲，并不具有过多的指导意义。此外，我国存在多种工时制，但是高校并未实行特殊工时制，反而在标准工时制的基础上通过工作量的核算淡化了工时制度。例如，根据教育部《高等学校教师工作量试行办法》和《高等学校教师教学工作量超额酬金暂行规定》等文件，教师全年工作量按每天 8 小时，每周 5 天及每年校历周数计算，并将授课、辅导、指导学生、编写教材等各项工作核算成具体的工作量，以此按照相应标准发放超额酬金。这种以具体指标和相关任务的完成为依据的计算方式，实际上已经淡化或者替代了相关劳动标准的管理。

3. 博士后的管理方式："灵活化"与"组织化"的差异

由于我国博士后制度主要从美国借鉴而来，这就决定了两国博士后制度在功能上存在一定的共性，都是在用工的过程中实现培养功能，但是因科研和教育背景的不同，博士后制度在定位及其发展方面仍然存在较大的差别。美国高校博士后制度在管理方面相对灵活和松散，无论是雇佣方式、雇佣期限还是管理过程，并无严格的制约；相比较而言，我国高校博士后制度在管理方面的组织化特征更为鲜明。

美国联邦政府并未建立相应的博士后管理机构，但是在经费来源方面呈现多样化的显著特征，主要来源于博士后研究基金、联邦政府的培训拨款以及政府或企业的研究项目经费等。美国国家卫生研究院（NIH）、国家科学基金会（NSF）等政府机构通过给部分高校拨款，为专业领域提供培训博士后的资助。除了在高校和研究机构之外，也有部分博士后在联邦政府的研究机构中从事科研工作。

美国高校博士后制度并没有较为规范的结构和组织形式，其管理方式也较为灵活多样。在具体管理和考核过程中，并不存在官方考核的形式，只是导师以年度考核的形式对博士后全权负责❶。同时，美国高校博士后的研究年限，通常并没有严格限制，而且其薪资待遇往往随着博士后工作年限的延长而逐步增加，保证了工作的持续性和相对稳定性。然而，在灵活化雇佣的影响下，美国高校的博士后制度通过任意雇佣和科研压力来激发人的潜能并实现优胜劣汰。这就导致了美国高校博士后在雇佣体系内的流动性相对较高。

相比之下，我国高校博士后的组织化管理特征颇为明显，且研究经费的来源较为单一，主要来源于国家财政拨款。在博士后的管理体制方面，国家设立博管会，高校设立博士后科研流动站，由各设站单位争取博管会分配或同意申请到的指标，然后由导师组研究决定招收博士后。博士后统一在博管会注册之后，再进入相应的流动站。在进站一定年限并完成预期目标之后才能出站，最终获得由博管会颁发的中国博士后证书。因此，我国高校博士后的管理是在一系列的组织化、制度化的流程之内完成的，并且指标分配、招收名额、管理过程等都受到相关主管部门、学校和导师组在不同层面的管理。在这种情况下，博士后人才培养的组织化特征非常明显，形式化意义也更加突出。

三、我国高校博士后制度的对策建议

1. 明确高校博士后制度的劳动用工定位

基于未来的职业发展与现实的制度基础，我国博士后制度应当首先明确其劳动用工的制度定位，并将培养的需求内在地涵养于用工制度之中。在劳动和教育相互融合的背景下，教育制度和用工制度并不具备形成第三领域的现实条件，只能将其融入各自的调整范围。一般而言，现代学徒制的培养主要存在两个体系：一是将"学徒"培训在职业教育的阶段实现，

---

❶ 侯定凯. 美国博士后制度调查的启示［N］. 中国科学报，2013-12-05.

通过校企合作的形式实现招生招工一体化、教学标准体系建设、双导师团队和教学资源建设以及教学培养模式的改革；二是将"学徒"培训在劳动关系的阶段实现，将其人员限定为"与企业签订一年以上劳动合同的技能岗位新招用和转岗等人员"。作为学徒的当事者，在前者中并未脱离教育体系，而后者则脱离了教育体系转入了用工体系之中。这两个体系会重合，但并不会独立于两个体系之外而形成第三领域。否则，必然会导致以"教育"之名行"劳动"之实，无法保障劳动者的合法权益。因此，强调博士后制度的双重功能诉求，将培养与用工同等视之，形成教育训练遮蔽劳动力价值的效果，在制度实现中不利于保障博士后的合法权益。如果将博士后单纯视为一种教育训练，相当于在最高层次的学术教育阶段之后，额外设定教育阶段。这只能说明学术教育的质量有待提高，显然不符合我国博士教育的现实，更是对博士阶段教育成果的漠视。因为通过博士阶段的训练，毕业生在学术上已经取得了一定的创新性成果，应当有能力开展学术研究和从事高等教育工作。

由此来看，我国博士后制度只能定位于用工制度。在这一定位之下，博士后具有自我提升的内在动力，出于对自己未来职业发展的需求，他必须不断地追求研究水平的进步和素质的提升；高校将博士后纳入劳动人事管理制度之下，在实现人力资源优化配置的同时，强化自身履行相应的劳动法义务。因此，在用工正常化的情况下，培养的功能就已经内在地包含于博士后职业发展过程之中了。

2. 建立符合高校博士后职业发展的用工机制

在我国当前高校的博士后制度中，有关博士后招收、在站管理、福利待遇等措施已经较为详尽，但是包括就业问题在内的职业发展却提及甚少。在用工的功能定位之下，博士后工作的短期性、临时性等非典型性的劳动特征决定了未来职业发展的不确定性。在多元化用工格局之下，博士后的就业制度同样应当与时俱进，建立有利于职业发展的用工机制，而不宜仅仅将其作为正式制度之外的促进力量。

在工作期限方面，可以适时取消高校博士后工作最长年限的限制。对博士后工作年限进行限制，是在特定历史背景下以短期训练为目标的定位下做出的制度设计。在当前用工多元化的形式下，取消博士后工作期限的限制，将工作主动权和选择权交给博士后本人，更加有助于明确未来的职业方向，有效地利用研究期间。与此同时，为了避免制度的滥用，还应当强化高校对博士后工作时间和薪酬的权益保障，明确工作职责，实现博士后从事科学研究的工作目的和工作价值。

在用工形式方面，应建立博士后向典型劳动形态转化的制度化机制，而不宜将正规的就业意向转化为博士后用工。作为一种流动性的机制，高校在充分发挥博士后劳动力价值的同时，应当建立向稳定岗位转化的制度化通道，既能够满足博士后对未来的期待，又能够符合用工正义的价值诉求，避免陷入廉价用工的窠臼之中。同时，对于将新任教师一律采取博士后用工的做法，进行必要的限制。

在就业渠道方面，应促进高校博士后同时在企业和政府等部门之间的相互流动。一直以来，高校博士后的输出方向主要集中在高校和科研院所等单位，而这些部门只能满足少数人的就业需求。企业和政府等部门对博士后人才的吸纳，更加有利于研究成果的产业化和研究决策的科学化。同时，博士后在不同部门之间的流动，也有助于增强科技成果服务社会和政府决策的实效性，更加有利于促进人力资源的优化配置。

3. 推进高校劳动人事体制的同步改革

我国博士后用工广泛使用的背后，透露出当前高校劳动人事体制僵化的严重问题。在推进博士后制度改革的同时，如果未能同步进行高校劳动人事体制的改革，那么博士后制度极可能会成为一种新的非主流用工形式游离于正式制度之外。因此，对于当前高校劳动人事体制，应当采取有力的改革措施。

在改革理念方面，应当以促进教职员工的职业发展为导向。当前以事业编制为主体的高校劳动人事制度，具有较高的职业稳定性和持续性，但是未能有效促进职业发展。当高级职称晋升到一定程度之时，职业发展往往依赖于教职员工伦理素养和个人兴趣的维持，而缺少了制度上的激励。这种用工体制的保障性与激励性恰恰与博士后用工相反，这就使博士后能够弥补原有体制激励性的不足，但同时也给博士后的保障性带来缺陷。因此，两方面的改革如果无法同步，对任何一方面的保障和激励而言，必然都是徒劳的。

在改革方法方面，不宜盲目引入新的制度，而应当注重利用现有的制度条件强化管理水平。当前博士后用工形式的肆意扩张，并未解决原有常规体制下团队合作机制和科研动力不足的问题。这说明高校对在用工管理上更加倾向于建立和使用新的制度形式，并不擅长提高现有的劳动人事管理水平。从立法目的与条款内容来看，《事业单位管理条例》早已具有促进人员流动和激发职工积极性的设计，相比于《劳动合同法》下的用工，也并没有更多的解雇保护条件。这就说明，问题的核心并不在于规范层面，而在于具体的操作执行。因此，在现有制度的基础上，寻求管理方式的创新才是改革的首选方法。

在改革路径方面，应当以工作职责为依据在相同用工体制内实现教职员工的职业发展。师资博士后、编外教师与主流事业编制的教师从事着相同的工作，却存在着制度化的用工差异。通过竞争或选拔机制来实现劳动者从编制外到编制内的晋升、从短期临时用工到长期固定用工的保障，尽管看似是一种发展和提升，但是这种将相同工作进行制度化区别对待的做法却隐藏着制度本身的不公平。因此，劳动人事用工的改革，应当首先注重在同一用工体制内的职业发展，而非在差别待遇的给付中形成等级固化的用工格局。

经历了三十多年的发展历程，我国高校博士后制度已经取得了重要的进步。然而，这一制度想要持续发挥对博士后的管理和促进科技创新的作用，不仅有赖于社会经济效益的形成，而且需要准确的制度定位。"培养"与"用工"本来并不是一对此消彼长的矛盾体，而现实中的逻辑悖论导致了两者之间开始呈现相互消解的特征。一种工作制度，如果不能给从业者带来职业上的发展和保障，却将工作中的压力机制与教育中的培养目标混同，既不符合体面劳动的精神，也背离了人才培养的真正意义。在追求真理的科学殿堂之中，人们对正义、尊严的伦理规范有着更为深切的体会。如果高校学者所承受的制度难以保障其权利和尊严，那么又如何促进他们在学术研究中恪尽职守呢？因此，我国博士后制度的定位应该去掉"形式化"培养的外衣，回归用工的本质，在职业发展与管理过程中融入实际培养的意义。当然，这在一定程度上仍然依赖于高校劳动人事体制的同步改革。

创新实践案例

一、案例概况

截至 2023 年，全国累计招收博士后 25 万多人，期满出站博士后近 15 万人。近 5 年来，全国博士后研究人员进站规模迅速扩大，年平均增长率在 10% 以上，平均进站年龄 31 岁，培养造就了一大批年轻、富有活力的高层次人才群体；博士后出站后在高校科研院所工作的比例逐年提升，2022 年达到 65%，绝大多数成长为单位的领军人才和科研骨干。但是在实际运行过程中也出现了很多问题。例如，某高校对博士后的管理规定，入职后必须在行政部门值班，熟悉学校的相关办事流程和制度。一方面，博士后需要承担繁重的科研任务压力，甚至有些高校还实行"非升即走""非升即转"的政策；另一方面，博士后对行政工作并不擅长，需要从零开始熟悉学校行政运行的情况，耗费了大量的精力。如何平衡科研与管理的关系，成为博士后管理的重要问题。

二、问题检视

1. 博士后科研流动站和工作站建设落后

随着经济社会的发展，教育科技体制改革的深化，现有的博士后制度在一定程度上不利于充分调动地方管理部门和设站单位的积极性。目前很多设站单位在运行体制、经费管理和评估体制等方面都能够按照全国博士后管理委员会的规划与相关规定来进行，但在依据设站单位和学科专业的特点形成有规范、可操作的制度方面，显得不足。此外，一些设站单位的管理工作细则也不完善，导致博士后的日常管理工作和质量评估因人而异，无章可循。

2. 部分高校对博士后培养质量评价指标和程序不完善

设站单位在博士后招收过程中存在宽进宽出、把关不严现象，只进行一些简单的考核和评价，对其思想政治表现、科研潜力、科研精神等方面未进行综合评估，直接导致了进站后的博士后质量参差不齐。部分高校没有设立完整的培养质量评价指标，存在"搞形式，走过场"的现象，忽略了某些重要的环节或内容，使整个评价程序不规范。

3. 企业对博士后人才培养的重视程度有所欠缺

企业可以单独招收博士后，也可以联合高校招收博士后。但是企业招收博士后的标准与高校不同，比如，对科研课题的选择以及考核标准不一样。大多数企业设立博士后科研工作站是希望博士后能为企业开发新产品，或解决生产中的难题。企业从立项、选人到出站考核各个环节，考虑更多的是博士后研究人员能否促进企业经济效益的增长，而较少考虑博士后的培养问题。

三、实践创新

1. 要坚持立德树人，不断提升高校博士后队伍服务国家战略需求的责任感和使命感

服务国家战略需求，是博士后制度的使命所在、价值所向。高校在博士后制度执行过程中要全过程坚持党管人才的根本宗旨，坚持立德树人，瞄准国家重大战略需求，依托重大科技和工程项目培养拔尖创新人才。同时坚持一票否决制，将高校博士后研究人员作为高等教育领域的优质师资储备来抓，着重提高博士后队伍的师德师风水平和教育教学素质。

2. 要聚焦高水平科技自立自强，不断探索高校博士后人才发展的政策措施

从设立伊始，我国博士后制度就服务于国家自主知识体系的构建。当前，高校博士后制度改革创新更要把发展科技第一生产力、培养人才第一资源、增强创新第一动力更好地结合起来，立足"两个大局"，坚持"四个面向"，勇攀科技高峰，探索实施促进创新型青年人才发展的政策措施，推动博士后独立参与重大基础前沿问题研究，增强高校博士后队伍瞄准世界科技前沿、勇闯科技"无人区"的勇气，实现由科研活动参与者向科技创新组织领导者的根本性转变。

3. 要畅通体制机制，不断提升高校博士后管理的水平和能力

进一步完善博士后管理制度的体系化建设，充分下放博士后招聘录用的自主权，鼓励高水平高校将博士后管理与"双一流"建设任务紧密结合，通过国家重点项目、重大项目等，加速高水平博士后制度与高校现有各项制度的有效衔接，拓展博士后制度作为人事制度的基础性以及作为科研和人才培养制度的灵活性。同时，通过建立多元化经费投入保障机制等措施有效增强高校博士后群体的归属感和稳定性，提升以博士后为重要组成部分的有组织科研治理能力，形成专职科研队伍、博士后人员与兼职科研人员交叉合作、灵活高效的有组织科研治理体系。

专题五　高校学生助理管理制度研究

本专题介绍了我国高校学生助理制度兼具劳动和教育的双重功能的属性，学生助理制度在劳动教育和高校教育管理中具有重要的地位和作用，分析中美两国在高校用工体制、学生雇员的身份认定和薪酬待遇及其保障机制的差异，能够给我国高校学生助理在劳动和教育的实现方式上提供有力的借鉴。在当前高校学生管理和劳动用工制度的框架下，我国应当以实质内容为导向确定学生助理制度的人才培养功能，建立符合学生发展的劳动用工机制，健全学生薪酬体系及其权益保障机制，以促进高校用工和教育体制的改革。

当前高校学生在校内劳动的现象已经颇为普遍并深入高校管理的各个领域之中。劳动和教育的"联姻"自古有之，在劳动中学习向来是古代劳动人民子女接受教育的重要方式❶。自从20世纪80年代以来，随着我国高校就业体制的改革，强化实践教育和应用型人才培养越发成为高等教育发展的重要趋势。在这一背景下，高校普遍设立学生助理岗位并不断拓展其内涵，由最初单一的资助目标逐渐融入了实践能力培养的重要功能。在马克思看来❷："生产劳动同智育和体育相结合，它不仅是提高社会生产的一种方法，而且是造就全面发展的人的唯一方法。"马克思主义教育思想的确立，为劳动和教育的全面融合与学生的"全面发展"提供了理论支撑，学生助理制度在育人体系中的地位和作用日益彰显。

然而，高校学生以受教育者的身份参加劳动实践的过程，既是人才培养的一种方式，又具有劳动用工的价值。这两种不同的功能定位在同一制度之中如何体现，其实际效果如何，关系到我国高校学生助理制度的未来发展与高等教育改革的重要方向。学生助理制度在实现教育经济效用的同时，是否能够有助于学生实践能力的培养，既是彰显体面劳动和教育实效

❶ 罗建国．勤工助学的历史考察及现状分析［J］．湖南师范大学教育科学学报，2003，2（2）：15–17.

❷ 马克思，恩格斯．马克思恩格斯文集（第5卷）［M］．北京：人民出版社，2009.

的重要标准，也是衡量这一制度效果的关键所在。基于此，在劳动和教育双重功能的视角下，研究我国高校学生助理制度的现实表现及其问题所在，有助于探索劳动实践作为人才培养的方式方法，进一步健全学生管理制度和高校管理体系。

一、我国高校学生助理制度的实践现状

高校学生助理制度是以学生参与高校教学、科研和管理等工作为主要内容的一种特殊的劳动教育运作规程。它涵盖了研究生助教、助研、助管和学生辅导员（简称"三助一辅"），以及校内勤工助学和各种名目的校内实习岗位。整体来看，这一制度呈现如下几方面特点。

（1）学生助理制度被视为具有劳动和教育的双重功能。根据高等教育中因材施教和多元管理的发展要求，培养学生实践动手能力和促进学生参与内部管理越发成为教育质量的重要保障❶。而学生助理制度恰恰顺应了这一发展，它并非传统的知识教育，亦非单纯的劳动用工形态，而是兼具劳动和教育的双重功能。

从法律规范上来看，我国《高等教育法》明确了高等教育"与生产劳动和社会实践相结合"的重要教育方针。这一点在《职业教育法》中得到了进一步的体现，并强化了教育与劳动就业之间的联系。中华人民共和国教育部等部门出台的一系列规范性文件都明确了学生助理岗位的内容，既强调了实践能力培养的目标定位，也注重其劳动实践和用工规则的确立，促进了劳动实践与人才培养的融合。

从实际效果上来讲，学生助理制度的双重功能定位有助于实现高校和学生在劳动用工与人才培养方面的双赢效果。通过学生助理岗位的锻炼，学生既能提升实践能力，又能够改善综合评价以满足其评奖评优和未来发展等需求。与此同时，学生助理在劳动过程中完全处于从属性的地位，服从高校章程和教育目标，为高校提供了劳动力资源。这种劳动的价值和功能使其成为高校管理的共同体成员和利益相关者❷。

---

❶ 钟秉林，王新凤. 迈入普及化的中国高等教育：机遇、挑战与展望［J］. 中国高教研究，2019（8）：7-13.

❷ 金一斌. 大学生参与高校管理：由来、视角、趋势［J］. 中国高等教育，2016（2）：29-32.

（2）学生助理岗位在高校内部呈现多样化的表现形态。随着教育功能的多元化，学生助理岗位已经不再仅仅局限于资助的单一需求。在劳动和教育双重功能的影响之下，学生助理岗位的表现形式及其内涵特点日益呈现多样化的发展趋势。

从规范化程度来看，学生助理主要存在于高校通过制度化形式确定的岗位，其工作内容、管理方式以及各方权利义务均由高校根据法律政策以规范化的形式确定。但是，也存在大量非规范化的劳动形态，例如，学生自愿临时帮助教师承担辅助性工作、研究生帮助导师处理个人事务等。

从岗位特点来看，尽管各类助理岗位都兼具劳动和教育的功能，并具有资助的性质❶，但是它们各有侧重。"三助一辅"岗位侧重于研究生的参与、资助和培养，校内勤工助学岗位侧重于对经济困难学生的资助，而各种名目的实习则侧重于获得特定资质或职业之前的实践训练。

从酬金方面看，研究生"三助一辅"均有岗位津贴，但不同高校在津贴数额和经费来源上差异较大❷，从每月百余元到数千元不等。校内勤工助学，高校须支付酬金，并在原则上与劳动标准趋同。而实习则较为复杂，教学实习通常高校无须支付报酬，但顶岗实习则由实习单位支付报酬。

（3）学生助理成为高校用工的重要替代力量。20世纪80年代以来，我国高校逐渐设立了大量的学生助理岗位。时至今日，学生助理已经成为高校用工的重要替代力量，在教学、科研和管理工作中承担着临时性和辅助性的工作。通常，高校的正式雇佣受到编制和成本的限制。而学生助理岗位的广泛应用，满足了高校灵活化、低成本的用工需求，并在事实上起到了减少正式雇佣的效果。

学生助理在事实上的参与活动已经使高校及其教职员工得到了显著的便利和收益。他们帮助教师批改作业和试卷、进行教学辅导，或者参与到收集资料、调研分析、经费报账等工作之中，让教师从事务性和预备性的

---

❶ 财政部，教育部. 不让一个学生因家庭经济困难而失学：国家学生资助政策体系简介［N］. 人民日报，2018-07-31（8）.

❷ 韩丽丽，李廷洲. 改革开放40年我国高等教育资助体系的回顾与展望［J］. 中国高教研究，2018（6）：29-36.

工作中得到解脱，能够专心致力于教学与研究工作。同时，在面向学生的岗位上，学生助理利用身份、专业和年龄相近的优势，拉近学生与教师和学校之间的距离，有利于工作的开展，使高校成为学生助理劳动的最大受益者。此外，高校的学术成果中往往渗透着学生的智力参与和劳动果实，例如，参与课题研究、师生合作发表论文，既有利于教师绩效的完成，又有利于高校的社会评价。总体而言，学生助理制度已经作为一种重要用工形态在高校管理中发挥作用，促进了高校多元化用工模式的形成。

在受教育者身份的影响之下，学生助理无论以何种形式提供劳动都会被绑上受教育者的标签，很难以一种常规的状态去参与社会活动和行使相关权利。在劳动力使用上，尽管他们被认为具有劳动法意义上雇员身份的法理特征❶，但是司法实践中以受教育者身份而否定其劳动价值的观点已经基本成为主流。此类做法将经济关系与教育关系相互对立与排斥，显然剥离了学生助理在经济上的权利。在高校管理中，学生助理尽管在一定程度上能够参与高校管理和相关活动，但是其象征意义远远大于其实际表现，他们在管理体系中的地位和作用远远低于教职员工，无法影响其薪酬决策或者相关待遇的保障。随着受教育者身份不断得到扩大化的应用，学生的"高付出、低保障"与高校的"高受益、低风险"同时存在于学生助理的劳动实践之中，这种不匹配的权利义务关系使学生权利在无形之中得到消解。

二、中外高校学生助理制度的比较分析

我国现代高等教育是在借鉴欧美国家高等教育思想和制度基础上发展起来的，学生助理制度也不例外。我国高校学生助理制度与美国有着近似一致的功能诉求，但是两国在诸多方面仍然存在显著差异（表1）。

表1 中美学生助理制度的比较

比较项目	中国	美国
高校用工体制	编制管理	职责确定
学生雇员身份认定	一元制	两分法
学生薪酬待遇及其保障机制	标准化	组织化

---

❶ 申天恩. 大学生劳动权益与劳动行为的学理论辩［J］. 重庆社会科学，2014（6）：114–119.

从高校用工体制、学生雇员身份认定和薪酬待遇及其保障机制来看，美国对学生助理并无标准化的管理方式，而是通过实际工作的职责来确定学生助理属于法律上规定的学生或者雇员，而且注重通过学生工会和集体谈判的组织化形式来保障学生助理在劳动法上的权利。我国则更加注重通过形式化、标准化的管理方式和制度规范确定劳动和教育的功能定位。我国高校学生助理一般并不具有雇员身份且无劳动法上的权利，相关待遇仅仅通过高校确定的固定标准来实现。

1. 高校用工体制的差异："编制管理"和"职责确定"

我国与美国的学生助理都属于高校常规用工体制中非典型的用工形式，并兼具劳动和教育的功能。但是，中美两国高校的用工体制不同，使学生助理的用工制度仍然存在较大的差异。在美国高校，根据实际工作内容的不同，学生助理可能会转化为"教师"或者其他类型的高校雇员从而享有劳动法上的相应权利。而在我国，高校教职员工编制的相对固定化和录用的程序化决定了教职员工与学生是两个不同的体系，固定化的编制不可能随意突破，学生助理不可能成为高校雇员。

美国高校学生助理并非仅仅作为受教育者参与高校活动，他们在特定的情形下也可能获得高校雇员的身份。根据美国《公平劳动标准法案》和劳动部的指导意见，高校聘用的主要工作为教学、辅导、指导或讲课等传递知识活动的人员属于"教师"，由于教学助理的主要职责是辅助教师的教学活动，因而他们被视为具有"教师"的身份；而研究助理、宿舍管理等助理性岗位由于属于学生获得学位的必然要求或者能够获得学分、减免学费，通常并不必然成为雇员❶。事实上，美国高校学生助理身份在不同法律中的界定并不完全一致，特别是私立高校学生助理的身份存在诸多争议❷。但不可否认，学生助理的工作内容直接决定了其身份的认定及其法律上权益的保障。

在形式上，两国学生助理岗位的类型及其工作内容并无本质区别，但

---

❶ U. S. Dept of Labor. Fact Sheet #17S：Higher Education Institutions and Overtime Pay Under the Fair Labor Standards Act（FLSA）［EB/OL］.（2019–09–27）［2020–12–11］.

❷ Leslie Crudele. Graduate Student Employees or Employee Graduate Students？ The National Labor Relations Board and the Unionization of Graduate Student Workers in Postsecondary Education［J］. William & Mary Business Law Review，2019，10（3）：739–780.

是，在我国高校用工管理和司法实践中，并没有将学生助理作为高校教职员工对待，往往以"勤工助学""实习"等为由否定其雇员身份。同时，我国高校用工体制以编制管理为重要特征，招聘和录用具有人员编制数量的核定和严格的管理程序。因此，学生助理即使从事着与教职员工类似或相同的工作，只要其处于受教育者的状态之下，均无法获得高校雇员身份。

2. 学生雇员身份认定的差异："一元制"与"两分法"

在我国和美国的高校中，尽管学生助理都是高校用工中的庞大群体，但是两国学生雇员身份认定的标准则迥然不同。美国法院在认定学生雇员方面形成了一系列的判断要素，总体上表现为通过劳动和教育相区分的"两分法"判断哪一方属于"主要受益人"。同时，学生助理可能既是受教育者也是雇员，高校可以既是学生的教育者也是雇主。相比之下，我国雇员身份的认定标准呈现高度统一的形式化和标准化，不同群体在法律上不存在明显的差异，并未专门针对学生用工形成特定标准，具有较强的"一元制"特征。实践中，我国基本上采纳了学生身份与雇员身份无法兼容的做法。

关于美国学生雇员身份的认定标准，最具影响力的就是"主要受益人标准"。它通过实际的工作内容判断学校和学生哪一方属于"主要受益人"来确定学生是否具有雇员身份。一般而言，主要有7个要素：

（1）学生理解没有预期报酬的程度；

（2）工作中提供的培训与教育环境下的相似程度；

（3）与常规教育计划中课程或学分的关联程度；

（4）根据常规教学进度调整工作任务的程度；

（5）工作期间是否限于为学生提供有益学习的阶段；

（6）学生的工作在多大程度上是补充而不是取代了有薪雇员的工作，同时是否为学生提供了显著的教育收益；

（7）学生和雇主对该工作的理解程度是学生不享有带薪工作的权利。

这些要素需要对劳动和教育进行区分，通过这种"两分法"判断学生的工作到底是使高校受益还是学生受益。通常情况下，如果高校在劳动用工方面受益较多，而学生在教育方面受益较少，则学生助理具有雇员身份；反之，则不是雇员只能是受教育者。

相比美国而言，我国劳动关系调整模式呈现一元化特征，劳动法对所有雇员实行"一体适用、同等对待"，并不区分主体的任何性质和类型❶。如果某类群体被认定具有雇员身份，则劳动法的所有规则对其将全部适用，雇主义务和用工支出将会大幅增加。因此，在立法和司法实践中，雇员身份的认定往往十分严谨，通常会将学生助理在内的诸多群体排除在外。尽管我国并未对学生雇员身份做出任何规定，但是诸多司法裁判往往援引原劳动部规定而予以否决，即《关于贯彻执行〈中华人民共和国劳动法〉若干问题的意见》（劳部发〔1995〕309号）第12条："在校生利用业余时间勤工助学，不视为就业，未建立劳动关系，可以不签订劳动合同。"根据这一条文，我国在高校管理和司法实践中基本上并不认可学生助理的雇员身份，学生身份与雇员身份也无法并存。

3. 学生薪酬待遇及其保障机制的差异："标准化"与"组织化"

在学生助理的薪酬方面，中美两国都存在无薪工作（实习）和有酬劳动，但在学生薪酬待遇及其保障机制上，则存在显著的差异。美国高校学生助理在特定情形下会具有雇员身份并有权获得劳动法的保障，更加注重发挥学生工会的作用，通过组织化的方式确定薪酬待遇。相比之下，我国学生助理由于并没有确定其雇员身份，其薪酬待遇相对固定，主要依靠法律法规和高校制定的相关制度予以保障，具有较强的标准化特征。

美国学生雇员身份的认定与其薪酬待遇息息相关。一方面，学生在特定情形下能够享有法定标准的最低工资和加班费的保障。如果学生属于雇员，根据《公平劳动标准法案》，其工资低于法定最低标准时，学生有权向高校主张每周标准工时40小时之外1.5倍的加班费。同时，为了避免支付加班费，高校一般都会提高薪资以使得学生助理达到加班费的豁免门槛。另一方面，由于高校学费和生活费上涨的压力，学生助理与高校之间的关系日趋紧张并在一定程度上促进了学生的工会化❷。学生工会通过行使集体谈判的权力来影响他们的工作内容与待遇，这有助于改变高校的"一言堂"局面。事实上，学生工会与高校通过集体谈判达成的集体合同已经极大地提高并改善了学生助理的薪酬待遇和福利（表2）。

---

❶ 谢增毅. 我国劳动关系法律调整模式的转变［J］. 中国社会科学，2017（2）：123-143.

❷ Teresa Kroeger，Celine McNicholas，et al . The state of graduate student employee unions：Momentum to organize among graduate student workers is growing despite opposition［EB/OL］.（2018-01-11）［2020-12-11］.

表2　美国部分高校与学生工会签订的集体合同

时间	高校	学生工会	集体合同要点
202206	塔夫茨大学	服务员工国际联盟	每年一般工资增长2.5%，提供连续的12周带薪育儿假，支付卫生保健的全部费用，通过大学提供补贴的成人和儿童保育服务
202206	华盛顿大学	美国汽车工人联合会	基本工资和小时工资每年增长2%；享受法定休假；全时当量达50%者，免收学费和杂费；每年提供不超过60000美元的儿童保育补贴
202207	兰代斯大学	服务员工国际联盟	为教授4学分的课程设置了最低报酬，确定每个课程每周的工作量上限，为博士生雇员提供育儿假，为职业发展和职业机会开拓途径
202308	加州大学	美国汽车工人联合会	每年工资增长3%，每年提供每季度不超过1100美元或每学期不超过1650美元的儿童保育补贴，享受法定休假、保费减免，建立联合的劳工管理委员会以解决性骚扰问题
202309	美利坚大学	服务员工国际联盟	博士每年最低薪酬为22000美元，硕士生最低工资为每小时15.50美元，为研究生员工提供医疗保健、带薪休假和暑期工作机会

相比于美国，我国学生助理薪酬待遇的标准较为固定，学生通常没有形成利益团体来影响薪酬待遇，而是主要依赖于两个方面的力量得以实现。一方面，法律规范为学生助理的薪酬和工时标准确定了相应的规则，但是通常并未以强行性的标准出现。如《高等学校勤工助学管理办法》中对校内勤工助学岗位的薪酬尽管列明了参照"最低工资标准或居民最低生活保障标准"，但是这两个参照的标准相差悬殊，且在表述时又加上了"原则上"三个字，使这一标准形同虚设，无助于解决学生助理的低薪问题。另一方面，高校通过制度化的方式自主确定学生助理的相关待遇。酬金支付的标准及以何种方式支付，如给予学分、减免费用、发放津贴补贴等，均由高校在专项经费中自主确定，而学生在这些方面往往是"局外人"的角色❶，无法影响薪酬的数额及其实现方式。

---

❶ 吉明明，马金平. 学生参与大学内部管理的理论基础与实践路径［J］. 黑龙江高教研究，2020（10）：40-45.

三、我国高校学生助理制度的对策建议

1. 强化学生助理制度的人才培养定位及其实质内容

学生助理制度尽管具有劳动和教育的双重功能，但是二者并非并列等同的关系。其首要功能是教育，而劳动只是实现教育功能的一种途径和方式。以用工机制代替教育功能，尽管给高校在用工方面带来极大的效率和便利，但是违背了这一制度设立的初衷。基于高等教育的健康发展和现实的制度基础，我国学生助理制度应当强化人才培养的教育功能，并将其形式化的定位逐步转向人才培养的实质内容。实现这一转变，可以通过如下两个途径：

（1）通过岗位职责的类型化，确立不同的内涵及其培养目标。当前，尽管学生助理岗位存在不同的区分，但是不同岗位往往发生混淆，例如，"实习"和"勤工助学"常常相互使用、含混不清。"实习""勤工助学"等这些常见用语并不是严格的法律概念，而是在人力资源管理和教育管理的实践操作中，为了优化主体需求，针对边缘性环节所做出的安排，便于同典型形态进行区分。因此，与其从概念的表述或形式化的标签上进行界定，毋宁从岗位职责的实质内容上进行区分，从而便于确立不同的培养目标。

（2）明确学生助理岗位的培养方案，强化与教育的关联。学生助理制度的教育功能，不宜成为停留在文字表述上的"空中楼阁"，也不宜仅凭指导教师个人魅力的口头说教，而应当从岗位职责的实质内容上明确其人才培养的功能。

在岗位设定上，学生助理岗位的设立，应当以学校培养方案所设定的教学内容为限，注重与学校常规教育的一致性和关联性，而非将重点放在为了解决用工问题上。简言之，应当因教育的实际需要而设定岗位，不宜因缺工而设岗。

在工作内容上，学生助理的工作内容，应当注重与本人专业学习存在密切的联系，能够在专业知识上获得体验式的学习效果。例如，法学专业的学生在学校法务办公室担任助理，需要运用法学专业知识，与专业学习存在必要的关联性。

在教育指导上，高校应当指定专门的教职员工对学生助理进行教育和指导，以实现其岗位的教育功能。同时在教育指导的内容方面，高校须提

供能够适应学生未来需求的知识和专长，不能只是为了满足高校的劳动力需求。

2. 建立符合学生发展的劳动用工机制

在强化人才培养功能的同时，应当客观对待劳动用工的作用。一方面，对劳动用工机制不宜完全否定，否则就会形成以教育关系遮蔽经济关系的局面，漠视劳动与教育的区别；另一方面，由于短期化和临时性的特点，学生助理的劳动用工与一般的常规用工显然不同。在教育功能主导之下，学生助理制度的劳动用工机制应当符合学生未来的职业发展，并有利于人才培养功能的实现。

（1）基于工作内容的要素审查，明确学生助理的雇员身份。随着学生权利体系的扩张和高校用工的多元化，明确学生助理的雇员身份，有利于厘清教育关系和劳动关系。学生助理雇员身份的认定，应当首先立足于工作内容审查是具有教育属性还是劳动属性。如果学生的实际工作内容很难与相应的教育属性进行匹配，而与劳动属性具有较高的契合性，则学生更加接近于雇员身份；反之，如果与教育属性相符的程度较高，则应当认定其为受教育者，不应具有雇员身份。在这一思路下，高校如果想规避雇主义务，只能按照教育的方式对学生助理进行培养，否则就需承担雇主义务。

（2）通过劳动立法的改革，确定学生雇员的保护方式。尽管明确了雇员身份，但是由于学生身份的特殊性，仍然需要注重学生助理与常规用工的区别。当前，我国有必要对劳动法"一体适用"的模式进行改革，提高劳动法规则的多样性和灵活性，对不同类型的雇员采取不同的保护方式，以实现扩大覆盖面的制度效果。在当前的劳动用工制度体系内，我国可以将学生助理纳入非全日制用工的范畴，也可以采用类似德国的迷你工作者形态，在收入或者工时微量的前提下赋予双方在社会保险等方面的自主选择权。这种方式对学生雇员的保护，既兼顾了学生助理在校学习的身份特征，又能够灵活地实现学生助理的劳动保护，避免抹杀其劳动力价值。

（3）在实现路径上，应当通过教育改革和司法实践共同推进。学生用工在劳动法中是一个颇具争议的复杂问题，而且与教育关系存在着一系列的关联，如果仅仅立足于若干法律条文的规定，难免力不从心、存在疏漏。着眼于学生助理制度的双重功能，在思路和方法澄清的基础上，可以通过教育领域和司法实践共同推进学生助理的劳动用工机制。一方面，随着教育事业的发展，推进就业制度和教育改革，逐渐改变教育主管部门和学校全面主导学生的保守局面；另一方面，随着司法裁判经验的积累，逐步完善基于工作内容要素的审查方式，并通过对学生雇员身份的认定从反向角度促进人才培养。

3. 健全学生薪酬体系及其权益保障机制

学生助理的受教育者身份在劳动用工体制中不断强化的背后，往往渗透着学生薪酬待遇及其权益保障机制的薄弱。在完善学生助理制度的同时，如果未能同步保障学生权益，那么人才培养功能和劳动用工机制都会犹如无源之水，失去其存在的基础。从根本上来讲，完善学生助理制度的核心就在于促进学生权益体系的健全和完善。

（1）改善学生助理的薪酬体系。基于劳动和教育的差别，我国应当明确有薪劳动和无薪劳动的区别及其适用范围。无薪劳动应当仅限于完全的教育功能，如学生完成某项义务劳动而获得了必要的学分，只能属于无薪劳动；有薪劳动应当适用于教育功能较弱或者具有较强劳动用工性质的情形之中，如学生从事某项工勤岗位，属于有薪劳动。在有薪劳动之中，我国应当促进高校在明确实际工作职责的基础上逐步提高学生劳动的薪酬标准，完善奖学金、助学金、各种津贴和补助等项目的支付标准，并促进其经费来源的多元化。

（2）根据不同的劳动类型确立差异化的学生用工保护政策。我国在提高学生薪酬待遇的同时，还应在不同的劳动类型中确立差异化的学生用工保护政策。不同类型的学生用工，对劳动和教育的侧重不同，相应的用工保护政策也应不同。教育领域应更加注重有效参与和提升，而劳动领域则定位于稳定和发展。因此，教育属性较强的，可以更加关注用工保护的实效性、获益性；而劳动属性较强的，可以更加关注用工保护的持续性、成长性。学生用工保护政策以差异化的形式存在，有助于实现广覆盖、多元化的制度效果。

（3）高校应当促进学生参与机制的有效实施。学生在高校管理中的有效参与，既能够促进高校的科学决策，又有利于保障学生的合法权益。因此，"国家和高等院校的决策者应把学生及其需要作为关注的重点，并应将他们视为高等教育改革的主要参与者和负责任的受益者，学生有权讨论并在现行体制范围内参与制定政策和院校的管理工作"。促进学生助理的有效参与，可以从国家、高校和学生三个层面予以完善。首先，国家应当通过法律和政策将学生参与纳入制度建设之中，明确学生参与作为相关决策的程序性要素并逐步拓展其实体性权利；其次，高校应当健全学生利益表达机制，营造学生参与氛围，保障学生的监督权、知情权和协商权等民主参与权利；最后，学生还应当增强民主参与意识，强化服务集体的责任担当，增强知识技能和综合素质，共同致力于高校管理制度的完善。

创新实践案例

一、案例概况

某高校在对学生进行管理的过程中，设置了"三助一辅"的岗位。在学生助理管理工作中出现了两个完全不一样的效果。学生小赵因学业问题，思想上出现波动和厌学的思想。学校通过推荐其到学生助理的岗位上进行锻炼，走出了思想误区，实现了自我管理和提升，最终考上名校的研究生，实现了对学生的教育目标。学生小张原来学业很优秀，但是为了实践学分等原因，参加了学生助理岗位。在工作期间，为了取得更好的评价，做了很多原本不属于工作职责范围内的工作，占用了大量时间和精力，最后导致成绩下滑，最终也没有取得理想的排名。

二、问题检视

1. 选拔方式不妥

学生助理往往由学校勤工助学部遴选，由于消息传播范围小、知情学生人数少，易造成选拔范围小、教师可选择人数少的问题。在参加面试的学生中，教师往往会优先选择学习成绩相对较好的学生，易导致学习成绩一般的学生缺乏锻炼机会，学生之间综合素质相差较大。

2. 培训方式不当

培训不仅能让学生了解自己的工作，知道自己该干什么、怎么干，还能提高学生办事能力。由于教师工作繁重，学生助理往往是在选拔通过之后，在高年级学生助理的帮助下迅速开展工作，没有时间接受严格的相关培训，在遇到突发情况时，不能很好地处理，工作效率不高。

3. 学生能力参差不齐

学生在正式上岗之前虽然接受过一段时间的培训，但是由于每个人的学习能力、接受能力和适应环境能力不同，因此，一些学生在日常工作中会出现不能在规定时间内保质保量地完成任务、工作效率不高的问题。

三、实践创新

要提升学生自我管理和参与学校的教育管理的能力，要从以下几个方面入手：

1. 落实"以学生为本"的管理理念，注重引导和服务

管理工作者应该做到充分地理解学生、尊重学生、服务学生、依靠学生、相信学生。一是学生管理工作者要转变观念，充分了解和认识"以学生为本"管理理念的科学性，将理解落实到实际行动中和应用中；二是学生管理工作要结合学生的个性特征和实际需求，以学生的发展和培养为工作的核心，由管理学生转变为引导学生和服务学生。不仅要通过榜样人物对学生进行引导，还要将这一思想渗透进学生的日常生活，引导学生增强自我管理意识和自我管理能力，充分调动学生的积极性、主动性和创造性。

2. 构建多元参与的民主、开放、自治的学生管理模式

学生管理模式的构建需要多元参与。一是因为学生管理工作复杂，内容广泛，决定了学生管理需要学校、学生管理者和学生多元参与、共同努力；二是因为创新高校大学生管理机构设置，不仅要设立日常工作的学生管理机构，还要鼓励发展关乎学生切身利益的多样化学生组织和服务机构。同时还要鼓励学生参与学生组织和机构的管理和运作，促进他们全面发展，实现学生自我管理。

3. 建立健全相关法律法规和规章制度，坚持依法治校

加强学生管理法律法规和制度建设，也是实现依法治校的有效途径。依法治校有利于提高学生管理的公平性、客观性和透明性，克服传统的学生管理决策和管理实践的随意性和主观性。对于涉及学生管理的各项工作都可以用法律或规章制度进行规范，以确保管理手段的科学性和合理性。对学生的自觉性进行引导，形成以法律规范管理为基础，以自觉管理为主导的"刚柔并济"的学生管理手段，推动高校学生管理教育的发展。

专题六　大数据背景下的高校教育管理模式变革

本专题主要研究大数据背景下高校教育管理在内涵、存在的困境和实现模式的变革。不断优化高校教育管理结构、丰富高校教育管理主体、拓展高校教育管理边界和更新高校教育管理规则。大数据背景下的高校教育管理在价值上主要体现为塑造数据思维、重构价值认知、超越技术理性和实现特色发展。大数据背景下的高校教育管理需进一步规范数据管理，完善中国特色现代大学制度；挖掘数据价值，激发高校教育管理内在动力；立足整体数据，实现高等教育协同管理；深度解读数据，彰显以人为本价值导向。

随着移动通信、云计算、泛在网络等信息技术的快速发展和不断升级以及教育信息化进程的持续推进，教育领域也迈入了大规模生产、存储、共享与应用大数据的时代。在整个教育系统中，高校作为思想最活跃、知识最密集、信息技术应用最充分的前沿阵地之一，其受到大数据的影响更为全面和深刻，大数据已经成为推动高等教育创新发展的重要战略引擎，也是促进高校教育管理现代化转型的强大技术力量。"高校承担着培养高素质人才、引领科技创新的重大使命，高校管理创新是实现这一使命的必经路径。"❶然而，长期以来，高校教育管理在很大程度上依然沿袭着传统的经验管理模式，与现代管理的科学化、个性化、精细化和智能化要求还有一定距离。因此，在大数据时代，高校教育管理如何通过大数据技术实现以数据为基础进行管理的现代化转型，就成为一个重要而紧迫的时代议题。

一、大数据背景下高校教育管理的内涵意蕴

数据是信息构成的基本要素，具有大容量、多维度、处理高速化、价

---

❶ 程瑛，刘成. 迈向大数据时代的高校管理创新［J］. 中国行政管理，2016（8）：
17–21.

值密度低等特征的大数据兼具技术属性和社会属性❶。大数据凭借其高度采集和深度分析能力，收集大量教育数据并从中获取教育信息，折射教育事件背后的价值逻辑，科学预测教育的未来发展。大数据已成为推进教育现代化不可或缺的技术手段，更是推动高校教育管理结构扁平化、管理主体多元化、管理边界开放化、管理规则现代化的管理工具。释放大数据的潜力与价值对实现高校教育管理现代化发展、提升高等教育国际竞争力❷、建设中国特色高等教育体系至关重要。

1. 大数据能够优化高校教育管理结构

大数据既包括了其自身的逻辑结构，也包括了使用数据的组织结构。大数据推动高校教育管理的过程，也是大数据内在逻辑结构与高等教育既有管理结构相互融合、共同促进的过程。大数据对高校教育管理结构的影响在于通过改变管理信息分析、应用、反馈以及共享的方式，优化高校教育管理过程，促进高校教育管理结构优化。

（1）数据的信息互通能打破高校教育管理封闭的科层结构。在大数据技术驱动下，传统高校教育管理从粗放走向精准、从条块分割走向弹性融合、从被动参与走向主动融入❸。从纵向上看，高校教育管理权力从"校—院（部）—系"依次下放，进一步扩大基层学术部门的管理权限，使其自主掌握日常教学和科研权力，并通过数据技术积极参与重大事项的商议和决策，激发院系参与高校管理的积极性和创造性。从横向上看，大数据视域下教育数据可在不同职能部门间便捷、高效地流动，这有助于突破高校教育管理结构中科层管理和经验决策的局限性，通过各部门协同合作达到最优管理效果。

（2）数据的精准分析能促进高校教育管理结构更为精准高效。大数据为我们开辟了随机获取信息的路径，并基于数学算法对海量的数据进行排序和相关分析，提高数据分析的精确性。借助大数据技术对管理结构进行调整和优化，不仅是技术变革对高校教育管理现代化提出的挑战，而且是

---

❶ 王雷，廖昵，MOVAHEDIPOUR M，等. 大数据驱动的创造共享价值研究［J］. 北京邮电大学学报（社会科学版），2016，18（6）：58-63.

❷ 邱泽奇. 技术与组织的互构：以信息技术在制造企业的应用为例［J］. 社会学研究，2005（2）：32-54.

❸ 张勇，陈恩伦，刘佳. 学校教育生态的技术管理审思［J］. 中国教育学刊，2021（4）：17-21.

高校教育管理模式的有益探索。管理工具的创新是高校教育管理走向精准化的重要前提和关键要素。通过大数据对教育信息进行精准、动态、科学的分析，能使高校教育管理各个部门和主体之间权责清晰、互动高效，并利用深度学习、知识图谱等技术将抽象的管理过程转化为具体的数据指标，进而促进管理流程简洁高效，进一步完善高校教育管理结构。

（3）数据的开放共享能促进高校教育管理结构多元平衡。大数据的数据增长速度极快，数据的处理速度和流动速度也较快，能为高校教育管理提供全方位、多视角的数据支撑。在高等教育内部管理结构中，多层次、多维度、多结构教育数据的开放、融合、共享，有助于保障教职工、学生等管理主体对学校重大事项、重要制度的知情权，确保多元主体在高校教育管理中获得平等开放的参与权。在高等教育外部管理结构中，大数据技术的嵌入能使教育行政部门和社会组织通过多种数字渠道对高校教育管理施加影响，有助于高校接受利益相关方的监督和约束。

2. 大数据能够拓展高校教育管理范围

高校教育管理不仅是高校管理自身的事务，而且关乎民众的切身利益，需要全方位地发动社会力量共同参与。大数据改变着原有的信息传播机制，大大提高了信息的可得性和开放性，丰富了高等教育的管理主体。在大数据支持下，政府主导的公共教育机构、以企业为主的社会组织、社会民众等都可以参与高校教育管理，借助大数据进行有效互动和开放协作。

（1）大数据能为促进高校教育管理公共利益最大化提供新支撑。随着大数据的兴起，教育数据本身的符号价值已经衍生出经济价值、科学价值等诸多价值，成为实现高校与企业协同合作的重要资源。一方面，企业在信息技术的深度开发与应用方面发挥着重要作用，凭借其自身优势深化与高校的产学研合作。另一方面，大数据对复杂信息群和利益链条的精准分析，有助于合理配置社会公共资源，促进高校与社会组织进行更大程度的资源共享。大数据的交互技术能使社会力量在高校教育管理中积极表达自身权益，主动参与高校教育管理决策。

（2）开放的数据信息为不同主体参与高校教育管理开辟新路径。大数据时代，成千上万的数据可以在片刻间唾手可得，学生、家长和社会组织等能通过有效的教育数据对高校教育管理的真实形态有所了解，并以主体身份和意识参与高校教育管理。大数据和媒体的融合使公众可以通过微博、微信、抖音等丰富多样的媒体平台表达自己的心声和诉求，由于信息的快速传播，往往能在短时间内引起广泛关注进而提高问题解决的效率。大数据凭借信息技术的互联互通、动态高效以及数据的客观共享，将不同主体连接成一个数据整体，通过厘清复杂主体间的角色定位、探索不同主体有效互动的规律和模式，形成大数据时代高等教育多元共治的格局。

（3）多元化的大数据赋予高校教育管理多元主体新责任。大数据推动高校教育管理的主要特征就是管理主体的多元化，这也是高校教育管理现代化的本质所在。政府是高等教育有效开展数据管理的关键，要在宏观规划和顶层设计上综合考虑大数据技术的应用和管理，为高等教育数据管理的发展方向、利益整合、评价问责等提供制度保障。高校是高等教育数据管理的重要主体，应积极树立数据管理意识，将大数据技术嵌入高校的组织结构、管理体制、资源配置、学科建设等诸多方面。社会也是高等教育多元共治的主体之一，"富有积极能动精神的社会力量不仅是表达自身利益、影响公共教育决策的重要力量"❶，更是参与高校教育管理的重要力量。

3. 大数据能够明确高校教育管理界限

高校自主性决定了高校管理有着自己的组织边界，与国家、社会、政府、市场构成了不同的外部管理关系❷。在大数据推动高校教育管理的过程中，高等教育的管理边界也在不断发生变化。在数据技术的影响下，高等教育与外部政府、社会、市场以及内部各个职能部门之间的边界呈现出新的特点和作用机制。因此，高校教育管理要在保持自身相对独立性和自主性的基础上，积极适应大数据带来的高校教育管理边界的变化。

（1）大数据有助于明确高校教育管理中政府与高校的权力边界。政府通过大数据采集和整合信息能对高等教育规划和资源配置有更清晰的认知。为了实现高校教育管理现代化，政府应将本应由高校和社会组织承担的功能和责任转移出去，严格规范自身的管理权力边界❸。大数据技术使政府不再是信息的绝对拥有者，公众可以通过多种渠道获取信息，对政府公权力进行监督和约束，这在一定程度上能消除政府决策权力过于集中的弊

---

❶ 潘蕊. 论教育管理中的社会参与［J］. 中国教育学刊，20125（7）：26–31.

❷ 李立国. 大学管理变迁的理论框架：从学术—政府—市场到大学—国家—社会［J］. 清华大学教育研究，2020，41（4）：1–9.

❸ 沈亚平，陈良雨. 高等教育管理现代化的生态位困境及优化策略［J］. 中国高教研究，2016（3）：61–65.

端。政府在高校教育管理中不再单纯地以行政命令进行管理，而是以"服务者""引导者"的角色对高等教育施加影响。

（2）大数据有助于融合高校教育管理各职能部门的权责边界。大数据作为管理工具，有助于界定不同高校内部数据的开放范围、共享程度、管理标准，使数据管理的流程清晰、方式明确，避免权责交叉、职能模糊，提升高校教育管理的有效性。高校内部以科学客观的数据平台为依托，不仅能打破部门之间的信息隔阂，提高各部门信息对接与协同合作的效率，而且为各司其职、分工明确高等教育内部管理格局的形成提供技术支持，进一步规范基层学术组织的自主权力，为教育教学提供智能化的服务。

（3）大数据有助于明确高校教育管理多元主体参与的职能边界。大数据背景下的高校教育管理模式不断包容新的管理主体和管理内容，使高等教育的管理边界朝着动态化的方向发展。"大数据技术的发展为构建高效互动的多元共治平台提供契机，使得数据开放平台、交互平台等成为实现社会管理的技术载体"❶，也成为社会组织通过群策群力为高校教育管理贡献智慧和力量的技术工具。社会组织积极承担政府和高校转移出去的部分职能，与政府、高校一起共同构建边界清晰、协调有序的高等教育多元主体管理结构。

4. 大数据能够革新高校教育管理规则

大数据时代的国家管理活动既关注管理理念的现代转型和宏观的制度架构，也关注具体微观的管理过程和机制、规则与程序❷。大数据是一种信息技术，对技术运用的规制才是决定高等教育数据管理的关键因素。高校教育管理不仅要对大数据技术本身进行规范和约束，而且要对大数据嵌入高等教育的管理内容、管理流程、管理方式进行制度规范和重新设计。

（1）大数据的快速发展要求更新高校教育管理规则。在大数据技术驱动下，高校教育管理秩序和规则体系均发生一系列变化，逐渐从宏观转向微观。在微观上，各职能部门按照一定的规则和标准收集数据，从大量的元数据中获取有价值的数据信息，并对不同结构化的数据信息进行分析整

---

❶ 王振兴，韩伊静，李云新. 大数据背景下社会管理现代化：解读、困境与路径［J］. 电子政务，2019（4）：84-92.

❷ 虞崇胜，唐皇凤. 第五个现代化：国家管理体系和管理能力现代化［M］. 武汉：湖北人民出版社，2015.

合，以及为数据的储存、管理和应用等各个环节制定相应的规则。大数据技术以新的规章制度作为基本依据创新多元主体之间的协调方式，使多元主体数据管理既能保证数据共享、权责对等，又可兼顾管理效率的提升。

（2）大数据的广泛应用要求更新高校教育管理规则。在以大数据为代表的信息通信技术快速发展的基础上，我们的社会也正在步入一个以信息技术为支撑和动力的信息化时代。实施大数据管理的目标是为组织创造价值，具体表现为获取收益、管控风险和优化资源❶。大数据推动高校教育管理有效性的前提是，通过有效的数据管理规则来对大数据应用带来的潜在风险和信息资源进行规范和协调。大数据嵌入高等教育领域会使高校教育管理的机制、对象、方式等发生巨大变化，这就要求高校教育管理规则不断更新，使其与大数据应用动态匹配。

（3）大数据的多元管理要求更新高校教育管理规则。大数据在高等教育领域的应用还处于初级阶段，高等教育数据管理应该在完善管理结构的基础上注重结构运行过程，实现数据管理从形式到实质的转变与超越。辩证地看，大数据在促进高等教育多元主体管理结构形成的同时，也在放大不同主体在管理目标、管理方式以及思想观念等方面的冲突。因此，多元主体参与高校教育管理过程中的权力分配和决策程序都需要依据管理工具和手段制定相应的规则以达成各个高校教育管理主体利益的协调与平衡，避免多元管理结构中出现混乱无序的状态。

二、大数据背景下高校教育管理的价值引导

以大数据为主导的新一轮信息技术革命正深刻影响着高校教育管理的规则和体系，并成为高等教育发展的重要力量。随着社会的发展，大数据逐渐渗透到高校教育管理体系的各个方面，其本身在一定程度上已经预设的某种价值，即被不同的技术行动者赋予期望和意义，也为高校教育管理提供了变革的可能。从理论层面把握大数据的价值蕴涵，有助于我们正确认识大数据推动高校教育管理的价值逻辑。

1. 数据思维成为大数据推动高校教育管理的起点

大数据不仅是一门技术，更是一种思维方式，在改变高校教育管理工

---

❶ 张绍华，潘蓉，宗宇伟. 大数据管理与服务［M］. 上海：上海科学技术出版社，2016：49.

具的同时也更新着高校教育管理的思想场域，对高等教育的管理思维产生深刻影响。大数据思维是高校教育管理变革的驱动力之一，其整体关联性、开放发散性和多元共生性的特点贯穿高校教育管理全过程。管理思维现代化是高校教育管理现代化的先行条件，因此只有转变观念、树立大数据思维才能为高校教育管理提供新的视野。

（1）大数据的整体性思维强调高校教育管理从整体的角度分析数据。大数据时代，我们要颠覆以往"以小见大"、由部分推测整体的思维逻辑，思维方式要从单一寻求事物的因果关系转换到探索事物之间多元开放的相关关系上。信息技术的高速发展不仅降低了高等教育信息传递和共享的成本，也提升了高校教育管理各个过程的动态性。高校教育管理涉及体制机制、人才培养、学术评价、文化建设等方方面面，数据管理使不同形式和结构的数据在不同管理主体和教育场景中流转，能使复杂的教育管理问题形成一个完整的数据管理闭环。

（2）大数据的相关性思维要求高校教育管理以开放的视角整合数据。高等教育是一个价值多元、职能多样、管理复杂的社会子系统，其基本功能的实现在于高等教育内部不同学科、不同部门、不同领域的有机整合和协同创新。相关性思维融入高校教育管理可以创新高校教育管理的工作方式和管理思路。建立在相关关系基础上的大数据可摆脱传统思维定式的限制，突破传统的管理边界，进而通过探索数据间的相关关系，以更客观、更科学、更包容的视角实现高等教育内外部的综合管理。

（3）大数据的多元性思维鼓励高校教育管理从多元的角度开展合作。数据管理的优势在于利用大数据实现各管理主体共同参与决策与管理，在合作协商中形成共识、实现管理目标。大数据为多元主体广泛参与高校教育管理提供了最基本的技术支撑。大数据所蕴含的多元性思维为多元主体民主对话、平等交流提供了理念支持。多元性思维方式不仅能促进高校教育管理实现从自上而下的管理向政府、高校、市场及社会组织等多元主体共同管理转变，而且能促使多元主体的协作在数据技术的推动下更加智能化，进而切实提高高校教育管理的效率和水平。

2. 价值认知的重构为大数据推动高校教育管理提供价值理念

"技术不仅以其工具性的物质样态而存在，更是以其人文性的精神样态而存在。"数字技术对人们生活、学习和工作的影响越来越深入，已经进入人们的精神世界，影响着个体的思想、意识和行为方式❶。大数据推动高校教育管理不仅是促进高校教育管理现代化的技术力量，更是渗透在高校教育管理全过程的技术精神，塑造着高等教育数据管理的思想精神和价值理念。

（1）质量提升是大数据推动高校教育管理的核心价值。随着信息技术嵌入高校教育管理程度的不断加深，管理技术和管理价值越来越走向相互塑造与融合。面对日新月异的数据技术带来的多方面影响，高校教育管理需要科学处理多方面复杂的利益关系。然而，无论管理技术如何变革，高校教育管理始终要以人才培养的有效开展及其质量的稳步提高为前提，借助技术工具更好地引导高等教育实现追求真理、服务于先进文化的社会责任，创造科学知识、培养才智出众的专业人员，为社会现代化发展提供丰富的知识资源。

（2）以人为本是大数据推动高校教育管理的核心理念。社会的发展使我们越来越追求工具的更新和技术的变革，以实现更深程度的自然改造和更高效率的社会管理。理性的工具化逐渐渗透到人们的思想观念和文化精神领域，人们对技术理性的追求不可避免地造成了人文精神的失落。高等教育作为特殊的社会文化组织，"它不以纯粹功利为目的，根本目的在于以文化育人、发展人、丰富人、升华人的精神文明"❷。因此，大数据时代高校教育管理要始终秉持以人为本的管理理念，借助相应的技术手段使管理的各个环节释放更多的人文关怀，满足教育主体的多元化需求。

（3）协同共治是大数据推动高校教育管理的核心要义。在大数据支持下，我们可以获取较为全面的数据，视野不再局限于某个单一数据的影响，而是要从不同的角度观察事物。数据管理的本质在于通过数据信息的收集分析以及数据化的呈现最大限度地表达不同利益主体的诉求，为协同共治提供充足的信息支撑。高等教育的管理理念及其价值观的变化也促使高校教育管理结构向多元共治的方向发展。多元主体参与的高校教育管理若要协调不同主体间的权责与利益关系，就要把大数据思维融入高校教育管理理念，提高运用数据技术统筹高校教育管理的能力。

---

❶ 张绍华，潘蓉，宗宇伟. 大数据管理与服务［M］. 上海：上海科学技术出版社，2016：49.

❷ 杨兴林. 现代大学管理问题研究［M］. 北京：光明日报出版社，2016：226.

3. 超越技术理性为大数据推动高校教育管理提供价值反思

技术理性是一种扎根于人类物质需求及人对自然界永恒依赖的实践理性和技术精神❶。大数据时代的高等教育追求管理的规范性、合理性、功能性，热衷于通过技术提升高校教育管理效能。随着技术理性逐渐在高校教育管理中占据主导地位，高等教育的制度建设明显落后于技术创新，管理理念受制于工具主义。大数据推动高校教育管理应超越技术理性，实现大数据与高校教育管理在技术理性和价值理性上的再统一。

（1）大数据推动高校教育管理需要以制度设计为依托。大数据推动高校教育管理对相应的顶层设计提出了新的诉求。一方面，高等教育的快速发展受益于大数据的技术支持，信息技术的嵌入为高校教育管理开拓了新的管理路径。另一方面，技术理性潜在的危机和风险使高等教育数据管理面临负面效应，需要以立法或标准的形式进行规范。从大数据本身来看，大数据在高校教育管理领域的应用还处于初步发展阶段。总之，大数据在推动高校教育管理应用过程中产生新的问题，需要相应的规章制度和操作指南作保障。

（2）大数据推动高校教育管理离不开价值理性的约束和指导。数据管理在引导多元主体参与高校教育管理的同时，也会加剧不同利益主体间的矛盾和冲突。高校教育管理的价值在于满足高等教育多元主体的利益需求并协调不同主体之间的利益矛盾❷。大数据推动高校教育管理的价值追求更加强调多元开放、分权自治，扩大高等教育的公共利益。不论科学技术的发展给高校教育管理带来了多么剧烈的变革，技术管理都有不可逾越的底线，在高校教育管理中则明确表现为人的形塑、启蒙和解放，只有恪守价值理性的底线，才能对数据管理中的技术理性形成制约。

（3）在管理实践中要深度理解大数据推动高校教育管理的本质。高等教育的本质在于传承、融合、发展和创新高深学问，高校教育管理旨在实现大学的可持续发展，完成高等教育的时代使命。大数据时代是一个知识信息爆炸性增长的时代，也是一个科学技术飞速发展的时代，知识和技术的丰富性大大超过以往任何一个时期，但同时也给社会发展带来了前所未

---

❶ 朱成晨，闫广芬. 精神与逻辑：职业教育的技术理性与跨界思维［J］. 教育研究，2020（7）：109–122.

❷ 唐汉琦. 高等教育管理改革的价值研究［M］. 青岛：中国海洋大学出版社，2018：9.

有的挑战。因此，在高校教育管理过程中，我们需要合理把握技术理性，在实践中探索技术智慧。

4. 实现特色发展是大数据推动高校教育管理的最终目标

大数据时代，不同类型和层次的高等教育数据互不相容，对应不同的管理模式和组织体系，这也与大数据精准分析、开放多元的特性不谋而合。我们需要通过构建高等教育大数据平台，利用大数据强大的数据整合和分析能力合理配置教育资源、规划发展目标，进而满足高等教育多样化的发展需要。

（1）大数据有利于提高高校教育管理现代化水平。"任何数据都需要物质背景，数据反映的是物质及其关系的表态。"❶大数据驱动下的数据管理和数据创新为深入分析高等教育教学过程中纷繁复杂的相关数据提供了技术支撑，使精准科学地探寻教育教学规律成为可能。例如，大数据技术可以对学生的选课情况、课程和教师的评价信息以及相关作业和考试结果进行深度解读，提高不同学科课程对学生的吸引力，合理布局学科并对学科专业发展做出长远规划。在数据技术影响下，教学模式和学习方式、教育服务模式和管理方式不断革新，进而推进高校教育管理现代化进程，这也是实现高等教育特色发展的外在动因。

（2）大数据满足高校师生的多样化需求。在大数据支持下，教师通过学习分析技术，对学生的学习表现和学习效果进行解读，并进行教学反思和课程设计；学生通过网络学习平台和通信软件等实现对教育资源的充分利用，使学习行为超越时空界限，真正实现"泛在学习"。大数据通过对学生个人学习数据和生活数据的分析，为教师对学生进行精细化和个性化的指导提供数据支持。总之，大数据平台所提供的多样化、个性化信息资源能为师生的工作和学习提供多方位的帮助，这也是实现高等教育特色发展的内在要求。

（3）借助大数据实现高等教育特色发展是现实需要，也是时代发展的必然。以大数据为中心的信息技术不断被应用于高等教育领域，但如何利用大数据使高校"根据自身的特色与优势，合理定位、准确定位、安于本

---

❶ 霍雨佳，周若平，钱晖中. 大数据科学［M］. 成都：电子科技大学出版社，2017：48.

位，开展错位竞争，实现特色发展"❶，亟待我们广泛关注。中共中央、国务院 2019 年 2 月印发的《中国教育现代化 2035》提出要建立完善的高等学校分类发展政策体系，引导高等学校科学定位、特色发展。大数据通过对高等教育相关数据的整合，透析每一所高校管理形态的微观差异，为实现高等教育特色发展提供技术支持，优化高等教育结构，促进高等教育发展，更好地适应经济社会发展需求。

三、大数据背景下高校教育管理的模式选择

大数据为高校教育管理带来了技术性的变革。大数据推动高校教育管理不仅会重构高等教育的管理价值，而且是推进高校教育管理现代化的重要途径。面对当前大数据在推动高等教育过程中出现的困境，需要进一步立足整体数据，挖掘数据价值、深度解读数据、实施数据管理，为大数据推动高校教育管理开辟新的实践路径。

1. 规范数据管理，完善中国特色现代大学制度

大数据技术从顶层设计到基层落实、从管理主体到管理理念，渗透在高校教育管理的各个环节，促进了高校教育管理的综合改革。数据技术在植入高等教育领域的过程中具有某种"制度安排"，这种制度安排代表了管理主体对数据管理革新方向的不同理解。在实施数据管理的过程中，要时刻彰显我国高等教育制度的优越性，将完善中国特色现代大学制度作为高等教育数据管理的重要命题。

（1）建立数据管理标准，分析新时代完善中国特色现代大学制度的宏观背景。大数据的特点是对纷繁庞杂的数据进行分析和探索，利用数据技术收集、发掘和分析社会需求及其变化趋势。大数据推动高校教育管理要建立数据管理标准，从多维度、多角度、多领域探索高校教育管理路径，以及它作为社会系统的组成部分与其他社会子系统的相互关系，使高校教育管理紧随社会改革发展的步伐。在完善和发展中国特色社会主义制度、推进国家管理体系和管理能力现代化的宏观背景下，如何完善中国特色现代大学制度、推进大学管理体系和管理能力现代化，是高等教育界必须回

---

❶ 张应强. 从高等教育现代化看高校分层建设和特色发展［J］. 中国现代教育装备，2020（1）：1–3.

应的历史命题❶。

（2）明确多元主体权责，为完善中国特色现代大学制度奠定广泛的现实基础。信息技术的发展给社会各个领域注入了新的活力，高等教育发展也呈现多元化、特色化的特征。大数据的动态性、精确性和开放性有助于推动完善科学、民主、具有中国特色的现代大学制度。数据网络遍布社会的各个角落，反映的是社会发展的动向，聚焦群众关注的教育问题，这为构建具有中国特色现代大学制度提供了社会支撑和群众基础。社会组织、人民群众等也无形中成了大数据时代高校教育管理的主体。为了更好地促进高等教育多元管理主体进行便捷有效的交流互动，共同参与现代化大学制度建设，应确立大数据推动高等教育多元主体的权责制度与边界。

（3）运用大数据提升中国特色大学制度的科学性和现代性。建设中国特色现代大学制度，创新高校人才培养机制，培养具有时代担当和全球竞争力的高素质人才，构建特色发展、和谐共生的高等教育生态系统，是高等教育发展的战略目标之一。当前，我们不仅站在大数据时代的路口，更走在实现中华民族伟大复兴、建设中国特色社会主义的光荣之路上，大数据推动高校教育管理要完善具有中国特色的现代大学制度，将技术优势转化为管理效能，以此提升制度建设的科学性与现代性，进而助力实现高校教育管理现代化的宏伟目标。

2. 挖掘数据价值，激发高校教育管理内在动力

信息技术的本质绝不是数据本身，而是以数字化的形式让所有本质上的东西自我揭示，成为人们可以加以利用的潜在资源。大数据推动高校教育管理是现实需要和技术价值的共同体现，是按照高校教育管理目标运用数据技术来推进、控制、引导高校教育管理服务的过程。因此，高等教育数据管理要充分利用数据信息，发挥大数据对提升高校教育管理效能的多方面价值。

（1）借助信息资源培养大数据人才，提升高等教育服务能力。教育部在《教育信息化2.0行动计划》中明确提出，要充分利用云计算、大数据、人工智能等新技术，构建全方位、全过程、全天候的支撑体系，助力教育教学、管理和服务的改革发展。大数据已成为推动高校教育管理现代化变

---

❶　宣勇. 我国高等教育管理：体系构建、逻辑审视与未来展望［J］. 国家教育行政学院学报，2015（9）：3-10.

革的技术驱动。大数据推动高校教育管理要借助信息技术构建教育数据资源平台，打造数据教育资源云服务体系，依据大数据时代的社会发展需求完善相应学科体系，培养大数据人才，进一步提升高等教育的服务能力以及数据管理效能。

（2）运用多元技术挖掘数据价值，提升管理主体数据分析能力。大数据时代下，高等教育经历了"数字校园""智慧校园"等多样的校园信息化建设，积累了类型多样、来源广泛的教育数据，这些数据按照来源可分为内部数据和外部数据。内部数据主要来自高等教育内部各业务系统，包括在教育教学和管理过程中产生的各种数据；外部数据主要来源于互联网教学系统和社交媒体网络等❶。高校教育管理要充分挖掘教育数据的价值，提高管理主体分析和应用数据的能力，通过数据的收集和分析刻画高校教育管理的数字化场景。例如，内部数据体现了高等教育在人才培养、科研创新、院校管理等诸多方面的执行力，外部数据则体现了高校在新闻宣传、舆论评价和社会服务等方面的影响力。

（3）实施精细化管理，提升高校教育管理效能。大数据推动高校教育管理要通过对海量数据进行数据挖掘、统计分析和机器学习等技术处理，对不同高校教育管理场景的行政职责、影响因素、发展趋势以及改进措施做出解释和预测，进而为学工、教务、科研、人事、后勤等部门提供数据管理依据，实现高等教育精细化管理的目标。具体来说，大数据推动高校教育管理的微观目标在于为师生提供良好的教学服务，满足学生个性化的学习需求；中观目标在于促进学科专业发展，改进教学管理模式，实现院系管理科学化；宏观目标在于实现高校教育管理现代化，服务于我国社会主义现代化建设。

3. 立足整体数据，实现高等教育协同管理

以协同为基础的协同管理强调不同子系统的相互合作应以目标共识为基础，以制度约束为保障，以利益协调为方式❷，从而实现协同管理的整体效应。大数据技术的首要特征是数据体量的巨大和数据类型的多样，使数

❶ 于方，刘延申. 大数据画像：实现高等教育"依数管理"的有效路径［J］. 江苏高教，2019（3）：50-57.

❷ 谭九生，杨建武. 人工智能技术的伦理风险及其协同管理［J］. 中国行政管理，2019（10）：44-50.

据管理需要立足整体数据，全面搜集数据信息，这与协同管理克服单一主体管理局限、追求整体管理的理念相契合，也是破解高等教育循数管理信息风险的重要前提。

（1）立足整体数据防范数据安全风险。借助大数据进行有效管理的前提就是尽可能多地获取多元、综合的数据。庞大的数据也反映出高校教育管理问题的复杂性和不确定性，大数据技术可通过信息汇集、整理、挖掘以及有逻辑地再现等过程，逐步将复杂多样的大样本信息转化为简单、明晰、启发线索明显的可识别信息。因此，大数据推动高校教育管理要立足整体数据，对高等教育现象进行数字建模、数字分析等使数据信息可视化，并对数据进行科学理性的分析和储存，规避数据安全风险，探究解决高校教育管理问题的策略。

（2）立足整体数据破解数据依赖困境。高等教育领域的教育现象和问题具有整体性、关联性和系统性等特征，这就导致大数据推动高校教育管理具有高度复杂性。信息技术发展以其固有的逻辑产生累积效应，累积到一定程度便会上升为一种普适方法，对管理主体的价值判断和思维方式施加影响。高等教育数据管理要注重数据的完整性，更强调数据在各部门、各管理主体间的交互性和共享性，突破信息孤岛、数据鸿沟、数据霸权等现实困境，充分实现数据资源的利用价值；同时，通过整体数据的开放共享实现技术平权、数据资源平权、信息权利均等的价值诉求，立足全局，正确把握信息数据在高校教育管理中的功能与效用，突破技术至上的数据依赖心理。

（3）立足整体数据审视高等教育循数管理理念。大数据技术嵌入高校教育管理不仅带来了高校教育管理的技术工具，也丰富了高等教育的管理思维和管理方式。因此，高校教育管理主体要学会采用理性、精准的科学思维替代传统的模糊管理思维，关注数据间整体与部分的联系，注重多元非结构数据的相互影响和交互关系，树立多维数据信息的整合观念以及高校教育管理的全局理念，以更开阔的视野、更全面的眼光来审视高校教育管理，化解大数据推动高校教育管理带来的伦理风险。

4. 深度解读数据，彰显以人为本价值导向

高校教育管理中的数据来源于不同的个体，大数据推动高校教育管理的数据挖掘应该通过分析和解读真实地再现个体在教育过程中的问题，坚持以人为本的价值取向，对高校教育管理的相关事态做出合理的研判。坚持以人为本的价值导向是突破高等教育数据管理局限的重要前提。

（1）避免工具主义，明确高等教育以人为本的管理逻辑。"技术管理在管理结构上的'嵌入式'路径，本质是在创造一种关乎制度与道德的关系，通过这种关系创造技术管理获得其现实目标和活动方式。"❶大数据推动高校教育管理在制度文化层面归根结底是为服务于高校师生学习、工作和生活需要所形成的特定的规则和秩序。在大数据技术嵌入高校教育管理的过程中，要始终明确技术管理的使命，超越技术工具的形式主义和功利主义，使高等教育事务的管理和评价不再局限于数据的收集和处理。

（2）追求人文精神，发挥高校教育管理主体的自主性。人文精神是大学文化的重要体现，大学管理是符号化和解释的过程，管理变革和绩效提升不在于设计出多么精良的管理制度，而在于大学参与者能够有效解释大学文化❷。大数据技术作为一种管理工具和模式，虽然是提高高校教育管理能力和解决复杂问题的有力手段，但也存在技术本身难以避免的工具主义问题。高校教育管理主体要坚持以人为本的价值导向，充分发挥主观能动性，合理规避高等教育技术管理失灵问题，破除技术至上的思维模式。

（3）整合数据资源，实现高等教育数据管理的公共价值。高等教育作为社会公共服务的有机组成部分，其最终目的是服务社会大众。在大数据时代，整个社会认知结构和价值观念的变化必然导致高等教育发展理念和模式的巨大变化。

因此，大数据推动高校教育管理要在海量数据的基础上进行数据收集、处理、反馈和共享，凭借信息技术强大的分析能力最大限度地发挥数据价值，充分把握社会现代化发展和学生全面发展对高校教育管理现代化的要求。要利用大数据技术优化教育资源配置，集中精力提高高等教育的质量和水平，满足不同主体对高校教育管理的合理需求，提升大数据推动高校教育管理的公共价值。

---

❶ 王长征，彭小兵. 技术管理与制度道德［J］. 自然辩证法研究，2020（36）：34–39.

❷ 张衡，眭依凡. 大学内部管理体系：现实诉求与构建思路［J］. 高校教育管理，2019，13（3）：35–43.

创新实践案例

一、案例概况

　　某高校在使用大数据对学校进行管理的过程中，在信息化建设方面投入不足，本应当每年增加的经费投入却在逐年减少。在信息管理系统的使用方上，对职能部门的工作人员没有进行大数据的相关培训和教育。在数据使用上，各职能部门没有实现数据共享，每次要报送数据时，都要向基层学院或教师收集表格和数据。基层教师在承担繁重科研教学任务的同时，还要经常填写电子表格和纸质表格，而且电子信息和纸质信息没有实现互通。有一些职能部门一年中多次要s求教师提供信息，多个部门要求提供的信息大部分是重复的。这增加了教师的工作量，导致师生的意见很大，也造成了资源的浪费和管理内耗。

二、问题检视

1. "硬"强"软"不强

　　网络体系的完整是通过设备的硬件和软件体现出来的，但目前我国的高校在建设校园网络中，大多呈现出过度重视硬件而忽视了软件和信息管理的问题，这种现象导致了高校内部的信息管理系统只能提供一些比较基础的服务功能，而不能呈现一个完整、简便实用的管理信息系统。目前大多数高校在信息系统管理中还处于较为初级的阶段，自身的一些相关软件的建设还不完善，而市面上出售的一些商业软件又不利于引入学校内部管理系统中，因此，造成了高校在信息系统管理水平上一直停滞不前，处于徘徊阶段，在收集、处理、交互和使用信息过程中出现困难。

2. "形"合"神"不合

　　目前，各高校的所有系统都建设在一个网页上，看上去貌似整个系统是一个整体，会很容易进行系统化管理，但实际上这些系统都是独立的，相互之间没有联系的桥梁，每个系统都有属于自己的用户认证授权方法，在使用过程中也会出现各种问题，造成信息不统一的情况，导致资源重复，各自为战。例如，一些高校不同的管理部门普遍存在的一个问题就是，不同部门所使用的信息管理系统不一样，无论是财务部、教务部还是组织部，虽然其工作职能和内容各有不同，但相互之间的信息存在一定的联系，因此，学校在进行信息化管理的同时应该兼顾不同部门之间的信息通畅，但实际情况却是不同部门之间的信息互不兼容，信息资源没有实现共享。高校各部门之间要想进行信息共享还得依靠传统的手段去复制粘贴，然后传递给其他部门进行信息的传递。这种模式根本没有体现信息化管理的优势，不具有合力，并没有将教育信息化管理的优越性充分展现出来。

3. "点"通"面"不通

很多高校在进行信息系统建设时都是根据不同部门的需要而分开进行的，由于建设的时间及技术路线不一致，在后期的使用过程中就出现了自成一体的用户管理、授权及认证系统，同一个用户在进入不同管理信息系统时需要使用不同的账号。由于在高校是不同部门根据自身的需求在不同时期建设的信息管理系统，因此，针对同一信息，其定义、类型、名称都存在不同，造成了部门之间信息沟通和共享的困难。而各部门在开发信息系统时，并不是在同一时间，且在开发过程中也没有考虑数据共享的问题，因此信息系统使用的公共接口没有实现，导致各部门之间的信息系统处于独立运行的状态，相互之间不能实现信息互通，形成"信息孤岛"的现状。

4. "建"多"用"不多

各高校都发现了信息系统的建设对学校未来发展的影响，都纷纷开始进行高校内部信息管理系统的建设，但在具体的实施和应用时却没有过多地重视，出现这种大力投入建设网络信息系统，却没有将这些建设具体地应用到实际工作中的现象，导致众多的信息系统建设都流于形式化，失去了建设信息管理系统的最初意义。高校很多的教育信息系统是因为当时需要而仓促建设起来的，并没有重视后期的维护和使用，因此，很多信息系统在最后都成为一种"摆设"，很少将其投入使用。这种问题和现象不仅造成了高校内部资源的浪费，还不利于信息化管理水平的进一步提升，最终影响了高校的长久发展。

三、实践创新

要想在大数据背景下，做好对高校的管理，需要从以下几个方面着手。

1. 树立大数据背景下的现代管理意识，提高对大数据重要性的认识

首先，要树立数据应用意识，提高对大数据在教育管理创新过程中的作用认识，强化学校内外相关数据的搜集、分析、整理工作，挖掘更多真实的、具有价值的数据信息，为教育管理创新提供有力的数据支撑。其次，要树立数据开放共享的观念，数据信息作为高校共有的一种资源，学校各职能部门要树立共享的理念，杜绝各自为政、数据资源"私有化"的现象。

2. 加强现代信息技术培训，提升教育管理者的数据分析能力与素养

首先，高校要加强现代信息技术培训，制定详细的信息化培训标准，有针对性地开设现代信息技术培训课程，深入学习大数据的基本特征和要求，掌握更多的大数据技术，提高教育管理的质量。其次，在大数据环境下，数据分析成为高校教育管理创新的新常态，要不断提高教育管理者的数据素养，提高数据分析能力，善于运用大数据技术去分析高校理论教学、社会实践、人才培养等方面的信息，挖掘出数据背后的价值。

3. 持续推进大数据体制机制创新，实现高校教育管理"数据共享"

首先，要不断推进大数据体制机制创新，学校各部门之间要加强教育数据资源的整合、运作，消除学校内部数据壁垒，建立统一的共享平台。其次，要建立统一的高校数据资源建设标准，实现高校教育管理体系的创新，需要高校根据自身大数据应用现状，制定出符合高校实际的标准体系，建构统一的大数据共享机制、分析机制和应用机制。最后，要建立和完善数据安全保护机制，制定相应的数据安全规章制度，加强校园网络安全管理，提升数据安全风险防范和处置能力，严格防范网络黑客、网络病毒对高校大数据平台进行网络攻击，窃取网络数据和信息的事件发生。

专题七　高校教育管理法治化改革与完善

　　本专题主要研究高校教育管理法治化的主要内容和实现路径。研究的主要问题包括对高校党委行政的关系认识不清晰、从人治到法治的思维转型尚未完成、适应高校职能不断扩展等依法治校能力明显欠缺等。高校应坚持党委领导与依法治校是一致的，运用法治思维与法治方式是依法治校的核心能力，通过建立高校党委、行政法律顾问制度、设立专门的校内法律事务机构等措施提升高校的法治气质，实现高校管理的法治化。

　　高校教育管理法治是我国在依法治国大背景大趋势下提出的战略思路。依法治国方略自 1997 年中共十五大确立、1999 年写进我国《宪法》以来早已被国人认可，高校教育管理法治化和高教法治也在逐步推进。党的十八届四中全会更是吹响了全面推进依法治国的号角，高校的全面依法管理早已提上日程。2020 年发布的《教育部关于进一步加强高等学校法治工作的意见》（教政法〔2020〕8 号）指出，中国特色社会主义进入新时代，高等教育到了更加注重内涵发展的新阶段。随着高等教育改革的不断深入，学校办学自主权进一步落实，内部管理法治化、制度化、规范化的要求更为凸显，广大师生对民主、法治、公平、正义的诉求日益增长，参与学校管理和保障自身权益的愿望更加强烈。

　　学校要以习近平新时代中国特色社会主义思想为指导，深入学习贯彻习近平总书记全面依法治国新理念新思想新战略和关于教育的重要论述，深刻认识新形势新变化提出的新任务新要求，切实把依法管理作为学校管理的基本理念和基本方式，融入、贯穿学校工作全过程和各方面。学校要健全领导机制、加大工作力度，以法治思维和法治方式引领、推动、保障学校改革与发展，努力在法治中国建设中发挥引领示范作用。

　　习近平总书记指出，全面依法治国是坚持和发展中国特色社会主义的本质要求和重要保障，事关我们党执政兴国，事关人民幸福安康，事关党和国家事业发展。这就进一步强调了全面依法治国的重要意义。这一重要讲话在高等学校发表，为高等学校依法管理带来了重要契机，高等学校将进一步增强依法治校的责任感、使命感和紧迫感。讲话指出，推进全面依法治国既要着眼长远、打好基础、建好制度，又要立足当前、突出重点、扎实工作，这对如何推进依法治校提供了战略指导。

依法治校包括三个方面：一是政府、教育主管部门、其他相关行政机关对高校各项事务的依法管理；二是高校对其内部各项事务的依法管理❶。笔者在此着力探讨公立高校内部的依法管理。我国《高等教育法》规定，国家举办的高等学校实行中国共产党高等学校基层委员会领导下的校长负责制，因此高校内部的依法管理，是指学校在校党委的领导下，由校长负责，依照宪法、法律法规及高校内部规章制度，通过正当程序处理学校事务的意识、过程和状态。本专题以学习贯彻习近平法治思想为契机，探讨推进高校教育管理法治化的实现路径。

一、高校教育管理实行法治化的紧迫需要

坚持依法治校是贯彻党的十八大提出的全面推进依法治国的精神，推进高校法治建设的必然要求。在法治中国建设的大潮下，依法行政已经成为地方各级政府的重要考核指标。而高校作为相对封闭的一块领地，其依法管理进程已明显落后于我国政府及其部门的依法行政。因此，在法治国家、法治政府、法治社会一体化建设的背景和要求下，高校教育管理法治化的需求十分紧迫。

1. 高校教育管理法治化是实现高校管理现代化的迫切需要

党的十八届三中全会提出，"全面深化改革的总目标是完善和发展中国特色社会主义制度，推进国家管理体系和管理能力现代化。"我国现有1000多所公立高校，其管理体系和管理能力现代化是整个国家管理体系和管理能力现代化的重要组成部分。高校管理体系的建构和管理能力的提升都离不开法治思维和法治方式，然而高校管理的长期非法治化倾向在其内部管理上留下了很深的烙印，人治思维惯性一时尚难根除，法治氛围在高校尚未真正形成。

与法治政府建设相比，高校教育管理法治化和法治高校建设显得相对滞后。例如，党的十八大以来，政府部门的权力清单制度已在普遍推行，

---

❶ 华起，刘帅. 高校的依法治校与管理体系现代化：协调与共进——我国高校高水平发展的必然选择［J］. 教育教学论坛，2016（45）：9–13.

依法行政成效明显提升，而高校的依法管理似乎不那么被关注，也没有成
为高校综合改革的重点。然而，作为法治中国建设的重要组成部分，高校
不能游离于法治大潮之外，要积极主动地融入国家法治建设中，承担起依
法治校的主体责任，以法治思维和法治方式推进高校管理体系和管理能力
现代化。

法治化是国家管理现代化的必由之路，也是高校管理现代化的必由之
路。依法治校有利于激发全面深化改革活力，实现高校管理体系和管理能
力现代化。全面推进高校教育管理法治化，是深化高校综合改革、建立现
代大学制度、落实人才培养中心地位、维护师生合法权益的客观需要。

2. 高校教育管理法治化是应对国际高等教育竞争的迫切需要

曾经的"985 工程""211 工程"有效地带动了我国高等教育整体水平
的提升，但长期以来行政主导高校办学导致高校身份标签固化、低水平
重复建设、竞争活力缺失，限制了高等教育的进一步发展，进而使我国高
校在国际竞争中处于不利地位。为破解这一难题、深化高教改革，中共中
央、国务院提出了建设世界一流大学和一流学科的重大战略决策。2015 年
10 月，国务院印发《统筹推进世界一流大学和一流学科建设总体方案》，
要求到 21 世纪中叶，一流大学和一流学科的数量和实力进入世界前列，
基本建成高等教育强国，提出加快建成一批世界一流大学和一流学科。
2017 年新春伊始，教育部、财政部、国家发展和改革委员会共同制定《统
筹推进世界一流大学和一流学科建设实施办法（暂行）》，旨在推动一批高
水平大学和学科进入世界一流行列或前列。

"双一流"的评判标准是什么？世界上不同国家的大学排名与学科排
名提供了一个参考。但是，排名仅是表象，排名现象折射出的是国际高等
教育竞争的实质。不管是哪一种排名，目前中国高校都不占优势，挤进世
界大学前 100 名的寥寥无几。世界大学排名，与其说是排名，毋宁说是一
个国家研究能力、研究水平和社会贡献度的综合体现，是一个国家高科技
发展水平的晴雨表、度量衡，是一个国家国际影响力的体现。这应该是我
国"双一流"建设的一大动因。

"双一流"建设的目的何在？就国内来说，是"落实立德树人根本任
务""全面提升我国高等教育在培养人才、科学研究、社会服务、文化传
承创新和国际交流合作中的综合实力"；就国际来说，归根结底是要增强
中国在国际社会的竞争力和影响力。

在"双一流"建设伊始，高校应建立起"依法办学、自主管理、社会参与、民主监督"的现代高校管理结构，这非常关键。因为世界一流大学最终是通过学校自主办学、平等竞争而产生的❶。这一多中心管理的现代管理结构，是高校稳定与活力兼得的必要条件❷，而自主办学、平等竞争亟须公平公正的法治环境。我国在以"985""211"确定高校身份、进行资源分配的年代，不管是在对外争取资源还是对内分配资源方面，身份关系、利益关系都起了很大的作用，人治成分远大于法治成分。而"双一流"建设又必须处理好两个关键问题：一是用法治思维为所有高校创造一个平等的竞争空间，二是高校用法治方法自主办学、自主发展。因此，在"双一流"建设中依法治校是必要途径，要尽快变人治思维为法治思维，变非法治主导为法治主导。

3. 高校教育管理法治化是规范高校自身运行的迫切需要

公立高校政治巡视全覆盖计划的实施，是从政治高度突显加强高校党的领导。高校巡视以政治巡视为引领，以业务巡视为抓手。从各高校政治巡视反馈的情况看，党的领导弱化、党的建设缺失、基层党组织软弱涣散、全面从严治党不力是普遍存在的问题，同时科研经费管理混乱、津补贴乱发、提拔干部不规范，招生领域、校内基建招投标领域违规违法，资产管理混乱、私设小金库等均较为普遍。从上述较为普遍的突出问题看，高校长期重业务建设，轻党的建设；重教学科研和人才培养，轻管理、监督。这是高校建设中的长期积弊所致。如何革除积弊？根本路径只有一条，那便是依法治校。规范高校运行，避免随意性、任意性，引导师生敬业乐学，法治的方式和手段刻不容缓。依法治校是整改巡视中发现的问题、规范高校运行的迫切需要。

高校作为教育机构，运行相对封闭，与政府、社会接触不是十分紧密。法治虽已成为政府的考核指标，但目前尚未成为高校的考核指标，且在高校内部依法依规办事也未成为考核指标，所以高校自身所感知的依法管理的紧迫性不足。2017年，教育部、中央编办、国家发改委、财政部、人力资源和社会保障部联合印发了《关于深化高等教育领域简政放权放管

---

❶ 熊丙奇. "双一流"建设应落实学校办学自主权［N］. 光明日报，2016-8-8（2）.

❷ 吴稼祥. 公天下：多中心管理与双主体法权［M］. 桂林：广西师范大学出版社，2013：314.

结合优化服务改革的若干意见》，明确要求完善高校学科专业设置机制、改革高校编制及岗位管理制度、改进高校进人用人环境、健全符合中国特色现代大学特点的薪酬分配制度、完善和加强高校经费使用管理、完善高校内部管理、强化监管优化服务。可以预见，高校运行将面临很大变革，亟须以法治思维与法治方式迎接这一变革，保障这一变革，主动适应全面依法治校的挑战，向"双一流"目标奋进。

二、高校教育管理法治化存在的现实问题

我国高校管理总体上是与国家管理、政府管理的进程相一致的，也都经历了法治严重不足的时代，存在的问题有些是囿于时代局限性的共性问题，如法治意识淡薄、人情大于法。当然，高校的依法管理也有个性化因素，主要体现在党委与行政的关系、高校职能不断扩展的适应能力等方面。

1. 对高校党委与行政的关系认识不清晰

高校党委与行政的关系是依法治校需要最先解决的关键问题。曾有人把高校的领导体制区分为政治框架与法律框架。自政治框架言之，高校领导体系有党委班子、行政班子以及党委行政合二为一的领导班子。在该领导班子中，通常的排名顺序是书记、校长、副书记、副校长。校长通常也兼任副书记，书记是一把手，校长是二把手，所以在政治框架下学校的最高领导是书记而不是校长。自法律框架言之，高校是事业单位法人，是独立的行政法律关系、民事法律关系及其他法律关系的主体，校长是法定代表人，对外代表学校，对内主持学校行政工作，因此校长是高校法律框架下的行政一把手。有人认为这种法律框架和政治框架是矛盾的，这一矛盾是实施依法治校所遇到的一个十分突出的问题。法律框架和政治框架的不协调，可能形成双方在各自占有的资源基础上的对峙❶。《高等教育法》明确了党委的主要职责，但党委集体的职责不等于书记个人的职责，书记的职责范围与工作方式在新《高等教育法》中仍然不明确，该法规定党委"统一领导学校工作，支持校长独立负责地行使职权"，说的是党委集体，不是党委书记个人。因此，书记与校长之间的工作关系如何并不明确。当

❶ 龙宗智. 依法治校与高校领导体制的改革完善［J］. 北京大学学报（哲学社会科学版），2005（1）：140–146.

前高校党政班子的协作主要取决于党政主要领导的个人素质、性格特征甚至私人关系。书记、校长的个人情况与其所在高校权力结构的形成有莫大的关系。如果是书记强势，该校就会形成以书记中心的权力结构；如果是校长强势，该校就形成以校长为中心的权力结构。由于界定不清晰，实际运作中随意性较大，并会形成内耗，损害高校事业发展。

2. 从人治到法治的思维转型尚未完成

法治思维是相对于人治思维而言的，要求坚持依法办事，按照法定职责和权限办事，按照程序办事，不搞一言堂，不搞暗箱操作。法治思维包括五大方面：合法性思维、规则性思维、权利义务思维、程序思维与公平正义思维，并统一于思维主体 ❶。人治某种意义上是领导说了算，人治作为一种社会文化现象，并未因为依法治国方略的确立而消除，其在国家管理的各个层面均顽固地存在着。高校管理要人治还是法治？这是依法治校必须解决的思维问题。这一思维转型至今尚未完成。

首先，高校非法治的思维惯性较大。目前高校体制的运作很大程度上取决于校领导个人素质而不是规章制度，法通常讲在嘴上不落实在行动上。领导者个人的意志决定学校发展走向，学校的政策、规章制度因校领导个人的兴趣和关注点的改变而改变，教学和学术发展规律得不到应有的尊重，师生的主体地位得不到应有的尊重。这种非制度化的人治模式严重地影响了高校的可持续发展，与全面依法治校很不相容。尽管依法治校提出已有十几年了，但是高校部分领导依然习惯于运用自上而下的行政程序、行政手段、道德观念、熟人关系来管理学校，习惯于以言代法、以言代规则，权力意识浓，规则意识淡。不问过程只管结果的心理和做法普遍存在，对程序正义的忽视几乎是一种常态。在师生管理上，把教师、学生当成是依法治校的客体而不是主体，不尊重师生的主体地位和人格尊严。领导的干预、人际关系的牵扯、利益关系的交织等都影响法治意识的养成和法治精神的确立。

其次，官本位意识较浓。高校中层管理人员中，一部分是行政序列，另一部分是因教学科研业绩突出而走上管理岗位的双肩挑干部。与传统的行政管理观念相对应，高校不少行政序列的工作人员官本位意识较浓，习

---

❶ 张蕊. 加强高校领导法治思维培育路径举隅［J］. 学校党建与思想教育，2013（6）：91-92.

惯于采用行政命令的方式开展工作，行政人员普遍比从事教学科研的一线教师优越感要强。从教学科研岗位走上管理岗位的教师，受传统的学而优则仕观念的影响，他们中不少人也有优越感，自觉不自觉地沾染上了官本位意识。官本位意识较浓时，法治意识自然难以养成，没有法治意识，不按规矩办事，以师生为本就落实不到位。领导个人的意图比规则更容易被领会和贯彻的现象普遍存在。

3. 依法治校能力明显欠缺

依法治校的能力是运用法治方式来管理学校各方面事务的能力，也是高校执行法律制度能力的集中体现；是现代大学管理能力中的核心能力，也是领导干部个人工作能力的重要内容。依法治校能力建设是现代大学建设的关键环节，对于大学管理能力现代化至关重要。从目前高校政治巡视反馈的情况看，高校依法治校的能力明显欠缺。从高校职能的不断扩充看，依法治校的能力亟须提升。

（1）落实法律法规规章制度的执行力不够。有关高教方面的法律法规在不断出台或更新，但各级领导平时忙于各种事务，对高教法律的变迁及立法前沿并不都能及时了解和掌握，学习教育宣传不够，上传下达渠道不畅，落实力度跟不上，依法依规办事和执行力低。不了解、不重视程序公正对实体公正的意义，只注重领导意志与意图，不注重决策程序，不注重办事流程，有时会出现好心没办成好事的现象。部分领导认为，只要把制度制定出来了就是依法治校了。这种认识上的偏差表明，高校不少领导"还在以人治的眼光看待法治，以人治的思维研判法治，以人治的方式实施法治"[1]，导致高校应对学校管理中法律事件的能力不足，处置突发事件时不能正确运用法治原则和法治精神。其实，高校法律、内部规章制度的建立健全只是使依法治校做到了有法可依，只是实现了高校法治的基础。

（2）尚未适应大学职能不断扩充的趋势。人才培养与科学研究是高校最初的两大基本职能，这两大基本职能的行使如今都出现了一些问题。1999年大学扩招之后，大学生人数激增，而高校教师不能做到同比增长，师生比严重下降，优质教学资源被稀释，导致教学质量下降，人才培养质量下滑，进而导致高校在用人单位和社会眼里呈现出负面形象。科学研究

---

❶ 张蕊. 加强高校领导法治思维培育路径举隅［J］. 学校党建与思想教育, 2013（6）: 91–92.

也因各种考核、评估、项目申报、职称晋升、奖励等而掺入了过多的功利因素，追求成果产出的短平快，导致研究品质下降。高校普遍存在重科研轻教学的异化现象，严重影响了对教学的投入。高校社会服务的职能是高校与社会经济发展的接触和融合的必然结果，是人才培养和科学研究两大职能的延伸，然而高教产业化的思路"造成大学的社会服务职能走了样、变了形，完全违背了大学服务社会的主旨，与大学的非营利性、多功能性和非商品性等教育性质格格不入"❶。过多强调社会服务，在一定程度上冲淡了对教学科研的热情，让部分教师把兼职当成了主业。党和国家领导人在清华大学百年校庆大会上提出，将文化传承创新作为大学职能旨在引领社会进步、大学精神和大学文化，但目前大学文化、大学精神彰显不足。在 2016 年全国高校思想政治工作会议上，习近平总书记提出将国际交流合作作为大学职能，这是增强国际影响力的重要举措。这表明大学职能随着时代的发展和认识的深化而不断地丰富与发展。高校职能的不断扩充表明，国家与社会对高校的要求越来越多、越来越高，而高校对国家和社会不断扩张的职能需求难以适应和满足。一方面，高校抱怨政府教育经费投入不足；另一方面，政府认为高校本身改革动力和能力缺乏。

三、高校教育管理法治化实现的必由路径

"全面依法治国是国家管理场域的一场深刻革命"❷，高校是这场深刻革命的重要场域之一。如何解决依法治校存在的问题，让高教法治跟上法治中国建设的节奏，从而实现高校管理体系和管理能力的现代化？

1. 坚持党委领导与依法治校的统一

新修订的我国《高等教育法》再次确认和重申的大学管理运行体制是"实行中国共产党高等学校基层委员会领导下的校长负责制"，这是高校坚持社会主义办学方向、贯彻教育方针的体制保障。高校党委领导是全面推进依法治校、加快建设法治高校的最根本保证。校党委能否坚持依法治校，能不能正确领导以大学章程为统领的校内规章制度的制定、带头遵纪守法、保证校内规章制度的运行，对全面推进依法治校具有重大作用。新

---

❶ 王爱民. 关于大学社会职能演变、异化问题的思考［J］. 现代教育管理，2015（5）：50-54.

❷ 李林. 论习近平全面依法治国的新思想新战略［J］. 法学杂志，2016（5）：1-16.

形势下，高校党委要履行好高校党建的重要职责，必须将高校政治巡视中发现的党建问题真正地一一整改落实，依据党章全面从严治党，发挥高校党委在大学章程和涉及师生员工利益的规章制度制定中的领导作用，带领全校师生员工遵守法律、执行法律、依法依章行使主权。党委自身必须在宪法和法律范围内活动，在大学章程范围内活动，真正做到党委领导校内规章制度的制定、保证规章制度的执行、带头遵守规章制度。高校必须坚持依法治校、依章治校，加强党委基层组织建设，提高党员干部依法治校能力，努力加强和改进高校党委对依法治校工作的领导。

在高校，坚持党委领导和坚持依法治校是一致的。2017年5月3日，习近平总书记在中国政法大学考察时强调指出，高校党委要履行好管党治党、办学治校的主体责任。《高等教育法》第39条规定："中国共产党高等学校基层委员会按照中国共产党章程和有关规定，统一领导学校工作，支持校长独立负责地行使职权。"教育部等五部委联合印发的《关于深化高等教育领域简政放权放管结合优化服务改革的若干意见》在完善高校内部管理上，强调加强党对高校的领导，高校要坚持和完善党委领导下的校长负责制，高校党委对本校工作实行全面领导，履行办学治校的主体责任；强化院系党的领导，进一步发挥院系党委或党总支的政治核心作用。

不过，有两点还需注意：一是党委实行集体领导与个人分工负责相结合，党委的职责与党委书记的职责不是画等号的，因为党委书记的职责在《高等教育法》中并没有明确；二是党委是学校的政治核心，履行管党治党、办学治校的主体责任，党委书记主持党委全面工作，因此党委、党委书记职权的行使必须设置必要的程序，处理好党委书记与党委的关系，防止书记独断专行和党组织软弱涣散。要坚持党委领导、师生当家做主、依法治校有机统一，把高校党委领导贯彻到依法治校全过程。校党委和校级领导干部要提高运用法治思维和法治方式的能力，努力以法治凝聚高校改革共识、规范学校各项事业发展行为、促进矛盾化解、保障校园和谐。"法治重点在于平衡之治"❶，在依法治校进程中的平衡之治就是实现不同主体间权利义务的平衡，保障党委领导与依法治校的统一。

---

❶ 吴俊明. 论现代中国管理模式的选择：以法治与德治并举为分析视角［J］. 法学杂志，2017（5）：28-38.

2. 善于运用法治思维与法治方式

党的十八大首次把法治思维和法治方式写进了报告中，要求"提高领导干部运用法治思维和法治方式深化改革、推动发展、化解矛盾、维护稳定的能力"。这一要求对高校领导干部同样适用，高校领导干部运用法治思维和法治方式的能力是高校教育管理法治化的核心能力。办好中国高校，核心在高校党委，关键在高校领导班子，学校党委行政机关及其成员是依法治校的关键主体，肩负着首要责任。高校各级管理者不仅要有与依法治国方略深入推进相适应的法治意识，还要有与依法治校相适应的法治知识系统，例如，人事部门要熟悉人事方面的法律法规，资产部门要熟悉合同法、政府采购法，科研部门要熟悉著作权法、科技成果促进法等。法律知识是养成法律思维的基础和前提，因此要善于运用法律思维处理日常工作和法律事件，养成法治思维习惯。

在大学职能的扩展上，高校要有历史发展的眼光，大学职能的不断丰富是社会需求与大学自身发展相结合的产物。高校在与社会关系的适应与博弈上应具备两方面的能力：一是纠正传统职能的异化，二是履行好新的职能。在纠正传统职能的异化方面，要坚守人才培养是大学的核心职能，增强科研和社会服务的教育功能，提高人才培养与科研、社会服务职能的结合度❶。在履行新职能方面，文化传承创新职能要担当起"文明守卫、人文化成、价值批判和引领社会"的责任，该职能的实现必须借助人才培养、科研与社会服务❷。为履行好国际交流合作新职能，高校需在国际交流人才储备上、政策上下功夫；要正确把握国际化和本土化的关系，处理好新增职能与传统职能间的关系。

"法律是必要的，因为人是受感情影响的……完善的法律对于个人就像是完善的理性对于感情"，依法治校能够制约人治因素。但是，"依法治校不是消极地运用法律来管治学校，而是指在学校管理中能动地开展依法育人、依法管理"。不能把依法治校片面地理解为就是惩罚教职员工，就是勒令退学、开除学籍、开除公职等处分，"法律除了具有惩罚、警戒、

---

❶ 赵庆年，李国超. 论大学主要职能的演进及对核心职能的坚守［J］. 黑龙江高教研究，2015（5）：20–23.

❷ 张涛，杨春芳. 从大学职能探析我国高等教育发展方式的转变［J］. 河北师范大学学报（教育科学版），2013（7）：68–71.

预防违法行为的功能，还有评价、指引、预测人们行为，保护、奖励合法行为，以及思想教育等基本功能。"❶ 依法治校的目的，不是将师生员工变为机器和驯服的工具，而是让师生员工正常地工作、学习。

在今天，法律规范引领作用越来越重要。德国著名学者哈贝马斯说："法是一种身兼二任的东西：它既是知识系统，又是行动系统；它不仅可以被理解为一个规范语句和规范诠释的文本，也可以被理解为建制，也就是一套行动规则。"学校领导层从心理认知到行为表现要真正允许法治逻辑的张扬，运用行动规则指引教职员工依靠自由的理性生活。

3. 提升高校的法治气质

当我们说"依法治国"这一概念时，内含法治是国家的一种特质，同样高校的法治气质决定高校的法治状态。那么如何提升高校的法治气质？建立校党委、行政法律顾问制度。党的十八届三中全会要求，普遍设立法律顾问制度。如今，各级地方党委、政府基本上都建立了法律顾问制度，并将党委法律顾问与政府法律顾问分开设立。党内法规已成为中国特色社会主义法治体系的重要组成部分，建立党委法律顾问制度既是落实全面依法治国的举措，也是全面从严治党的必然要求。高校在全面从严治党的战略布局下，党建工作至关重要，当然，任务也十分繁重，党委对党内法规的宣传教育、领导校内规章制度的制定、对党员的处分等方面同样需要专门的法律顾问。

目前，有法律顾问的高校不在少数，但是都是以学校整体名义聘请的，没有像地方党委、政府那样分开聘请。在全面从严治党的新形势下，在高校党委对本校工作实行全面领导、履行办学治校的主体责任的新要求下，党委单独设立法律顾问十分必要。法律顾问是外聘的律师，所以高校法律顾问制度使高校"从既往依靠内部封闭式的权力运作，转向依靠正式和非正式社会网络关系的有效管理"❷。

（1）涉法较多的职能部门要有懂法者。专业思维通常是一个人在工作上（不管是否为专业对口工作）的一种路径依赖，是一种内化为人格的

---

❶ 王景斌，唐吉庚. 依法治校论要［J］. 东北师大学报（哲学社会科学版），2000(2)：1-6.

❷ 张振波，金太军. 风险社会视域中的国家管理模式转型［J］. 江海学刊，2017(2)：119-124.

气质，是一种分析问题和解决问题的思维习惯。自 2018 年开始国家将司法考试改为统一的法律职业资格考试，将法律职业共同体的范围予以拓展，将需要具备法律职业资格的岗位予以扩充，如要求公安警察、具有行政处罚权的执法者都必须具有法律职业资格。这些都是与全面依法治国相伴随并与之相互促进的，也是法治国家、法治政府、法治社会一体推进的重要表现。在全面依法治校进程中，一些涉法较多的职能部门（如人事、资产、后勤等部门）配备具有法律专业背景者或者经过法律专门知识培训者，能够引领其所在单位或部门依法办事风气的形成，从而推动全校法治风气的形成。

（2）设立专门法律服务机构是大势所趋。十几年前就有人呼吁设立高校法律服务机构，全面负责全校的法律事务❶。设立高校法律服务机构是营造高校法治氛围、全面推进依法治校的重要手段，如果没有专门机构，依法治校往往便是"说起来重要、做起来不要"的东西，没人去思考，没人去负责。因此，建立依法治校专门机构负责处理学校的法律事务是必要的。这与高校法律顾问制度并行不悖。法律顾问是外聘的，一般由律师担任，其对高校法律事务投入精力非常有限，随着依法治校的需要、学校涉法事件的增多，也由于法律顾问知识结构的局限，一两个法律顾问难以处理一所高校与法律有关的所有事务，包括校内规章制度的制定与审查等，所以设立高校法律服务机构应是一种趋势。

创新实践案例

一、案例概况

某高校在实行依法治校的过程中，虽然设置了相应的职能部门，如法律事务中心，配备了相应的工作人员，但是法务中心同其他职能部门合署办公，削弱了其独立的地位。配备的工作人员数量少，且同时兼任其他工作，不具有法学专业背景，或者没有通过法律职业资格考试，极大地削弱了工作机构和人员的专业性。另外，学校没有成立依法治校工作领

---

❶ 徐德刚. 高校依法治校中存在的问题及其对策［J］. 湖南社会科学，2005（3）：61-63.

导小组，导致依法治校工作部门化、个人化。没有建立依法治校的制度体系，如大学章程领导下的现代高校法治体系，依法治校的观念没有深入人心。在落实教职工代表大会、工会代表大会、学代会等民主机制时，没有将法治工作纳入工作内容，导致依法治校总是浮于表面，没有收到实际的效果。

二、问题检视

1. 法治观念在高校教育中严重缺失

目前，高校普遍性存在着对依法治校和依法治教重视程度不够的问题，只是将其作为普通工作来对待，而没有将其看作是提高人才综合素质与修养、学校长期发展战略的重要举措，使法治观念在高校的教育中严重缺失。

2. 法治教育在高校教育中流于形式

由于高校教育中出现的功利化和适应社会短期需要的倾向，现代高等教育在相当程度上变成中级应试教育的延续和翻版。教育的目的不仅是帮助学生取得社会短期之内的认可和帮助就业，而且是传道、授业和解惑，讲授实际的知识技能，因而不能忽略法治观念和人文精神培养，使法治教育在高校教育中处于重要地位。

3. 法治教育在高校教育中师资力量匮乏

高校管理者在法治化建设的过程中，缺乏系统的法律知识的状况较为普遍。另外，一些高校的普法教师是由思想政治部、团委、学工处或宣传处的工作人员担任，法治建设工作由纪检处、保卫处等工作人员承担。这些管理者的法律理论基础和解决实际问题的能力均较欠缺，严重影响了普法教育、法治建设的最佳效果。

4. 法治教育在高校教育中制度建设不健全

在我国高校法治建设过程中，大多数高校都制定了一系列的规章制度，但是还存在着法治建设内容混乱、程序缺失、与现行法律法规冲突、缺乏完整的考核体系等问题。目前，大多数高校在学生的法治教育中考核的方式是闭卷考试和考核犯罪率，闭卷考试的内容主要集中于一些法律的基本概念和知识。学校通常追求的主要是普法考核的高分数和低犯罪率，而对于学生的法律素养和法律信仰关注不够。

三、实践创新

1. 依法治校，建立健全教育法治现代化体系

完善的法治体系和制度建设是实现高校管理现代化的重要基石。鉴于高校章程地位如此之重，有人甚至将其视为学校的"小宪法"。加强章程建设的途径有：规范操作程序、建立完善的问责机制、实施监督机制等。构建完善的高校现代化章程体系有利于发挥"外引内联"的作用，是实现高校法治现代化的基础性环节。

2. 明确高校价值追求，树立正确办学理念

高校应始终秉持立德树人的宗旨，加强思想道德建设。无论是领导者、管理者还是师生群体，都应主动承担起责任和义务，不忘育人初心，始终将立德修身作为个人的价值追求。

3. 加强主体管理，实现多元自治

首先，应正确处理高校与政府的关系，改变政府越位管理的局面。其次，应提升高校的自我管理能力，摒弃过度依赖政府的传统。最后，应完善社会参与机制，充分发挥社会在高校自治中的评价、监督和反馈的作用。

4. 落实民主参与，保障师生权益

法治不应仅停留于纸面上，还应在人的行为与学校的活动中生根发芽、开花结果。我国高校目前在法治实践环节还较为薄弱。由于高校还未把法治完全落到实处，导致高校与学生之间长期存在着"不等价"交换。这种"不等价"交换违背了高校与学生之间的权利与义务的平衡原则，同时也是我国高校发展的瓶颈所在。让高校每个成员将守法具体落实到其行为上是实现高校法治的中心环节。

专题八 高校教育管理视野下的课程思政建设

本专题主要讨论了课程思政建设体现高校教育管理的基本功能，课程思政建设决定高校课程改革的价值取向，课程思政建设影响高校课程改革的路径选择，课程思政建设满足高校课程质量提升的要求。高校应紧扣课程思政导向推动课程体系革新，围绕课程思政要求优化教学内容和教学方法，补齐课程建设的制度短板，遵循课程教学规律和坚守质量底线，发挥教师主体的能动作用，形成课程思政建设的良好氛围，推进课程思政和课程教学的高度融合。

推进课程思政建设是当前高校人才培养改革的重要任务。2020年教育部印发的《高等学校课程思政建设指导纲要》（以下简称《纲要》）进一步明晰了课程思政的建设要求和路径遵循，开启了全面推进高校课程思政建设、全面提高人才培养质量的新格局。课程思政建设是一场课程体系、教学内容和教学方法的综合改革，注重教书与育人的同步性和价值意义的同构。高校课程思政建设局限在课程思政自身的系统性中，大多关注意义、内容、方法、路径等要素性建设。课程思政之本在课程，其效果经由课程实施而体现，归宿是教学质量和人才培养质量。只有进一步纳入课程建设的整体格局并融入完整的课程教学体系，课程思政才能摆脱"两张皮"现象，避免出现"思政化""形式化""标签化"等不佳实践效果，以有效促进教学质量实质性提升。

一、课程思政建设体现高校教育管理的基本功能

1. 课程思政凸显了课程管理的重要性

课程建设是高校人才培养的基础工程，是高校教学基本建设的重要内容，主要解决教什么和怎样教的问题，关注教的价值和学的意义。高校课程建设对时代要求及时做出回应是其应然逻辑。理论上看，课程思政是紧密结合具体课程教学开展的思想政治教育，旨在夯实课程育人责任。自新中国成立以来，我国高等教育历来看重人的政治思想素质培养，政治思想

教育从未缺席过课程建设规范要求。当今，我国高校办学面临新的时代使命和前所未有的内外部环境挑战。教育乃国之大计、党之大计，培养什么人是教育的首要问题，课程思政已成为新时代课程建设的重要内容和发展方向。因此，作为人才培养的基本载体，高校课程建设要更加关注学生的思想政治教育及其价值引领意义，凸显教书与育人的高度融合，着力探寻思想政治教育在课程建设中的科学定位和价值整合问题。

2. 课程思政体现了课程管理的功能

高校人才培养主要是通过一门门课程教学得以展开的，课程内在地包含着育人功能。大学课程一方面是知识传播的媒体，另一方面是知识生产、创新的"胚芽"，涉及人、教育发展的各个方面[1]。从应用角度讲，课程不仅是知识学习和思维训练的载体，而且是涵养精神、塑造价值、陶冶品格的桥梁。大学课程的终极意义在于促进学生的发展。学校通过课程这一中介手段将学生改造成为有价值的人，促进学生完整的成长，实现由本性向人性的提升[2]。我国高校承担着为党育人、为国育才重任，培养一代又一代拥护中国共产党和我国社会主义制度、立志为中国特色社会主义奋斗终身的有用人才是其根本目标。新时代，我们更应坚持社会主义办学方向，扎根中国大地办教育，注重通过课程帮助学生树立科学思维、筑牢思想防线和为学生培根铸魂。课程思政就是"通过深化课程目标、内容、结构、模式等方面的改革，把政治认同、国家意识、文化自信、人格养成等思想政治导向与各类课程固有的知识、技能传授有机融合，实现显性教育与隐性教育的有机结合，促进学生的自由全面发展，充分发挥教书育人的作用"[3]。

反思近年来高校课程教学尤其是专业课教学，其对课程育人价值发掘和课程育人功能发挥的重视度还不够，专业课程教学中偏向知识化和工具性取向，而价值传导和人格影响不同程度地被忽略或遮蔽了，课程教学中重教书轻育人的现象比较普遍，个别教师甚至把课堂变成了传播错误思想的平台，高校人才培养出现了一些发人深思的问题。培养什么人、怎样培

[1] 薛天祥. 高等教育学 [M]. 桂林：广西师范大学出版社，2001：232.

[2] 周海银. 论大学教师课程建设的教育自觉 [J]. 山东师范大学学报（人文社会科学版），2019，64（5）：86-94.

[3] 王学俭，石岩. 新时代课程思政的内涵、特点、难点及应对策略 [J]. 新疆师范大学学报（哲学社会科学版），2020，41（2）：50-58.

养人、为谁培养人是教育的根本问题。育人先育德，课程是立德树人的核心载体，课程思政建设是落实立德树人的战略举措。应该说，课程思政具有明确的纠偏和导向意图，即全面落实课程育人使命。与过去不同的是，《纲要》在高校课程思政的建设定位、目标要求、内容重点、建设方式及组织保障等方面做出了更为清晰明确的规定，更有利于高校结合实际及课程特点推进课程思政建设，更好地从课程及任课教师层面将价值塑造、知识传授和能力培养融为一体，更能体现协同育人效应和人才培养效果。从定位上看，课程思政强调基于课程、聚焦课程、体现课程意义和更好地服务学生成长，注重遵循课程本体价值和精神价值的统一，进一步实现了课程的体验生成与人文化成旨趣。从实践层面看，课程思政彰显课程育知、育能、育人的整体功能，充分反映课程教学初心的回归，进一步彰显了新时代高校课程育人思维的创新和理路方法的成熟。

3. 课程思政建设提升了课堂教学质量

课程教学的根本目的是帮助学生在知识学习与价值意义之间建立联结，为学生理解世界和进入世界做好充分准备。再好的课程都要通过课堂教学来实施，课程既是一种载体也是一个过程。课堂是课程思政的主阵地，课堂教学有质量，课程思政才可能有效果；教学过程精彩有意义，课程方能显示其价值意涵。内在地看，课程思政是一种崇高的使命与责任，一种深度的知识诠释与理解，一种看不见的思维与判断，一种恰当的融入与言说，一种合理的穿插与引导，一种无声的示范与带动。无疑，课程思政是高阶的教学要求和教学艺术，尤为强调教师对教学的责任感和履责精神，强调教师要为课堂重新理解课程、挖掘课程、设计课程和创生课程，强调教师对课堂的敬畏和忠诚。

二、课程思政建设影响高校课程改革的路径选择

课程改革与建设直接关系到高校人才培养质量，课程思政建设是新时代高校课程改革与建设的使命要求和价值向度，也是必须贯彻的教育理念。全面推进课程思政建设，需要高校应时顺势做出相关策略调整，使课程全面反映新时代人才培养质量新内涵、新要求。

1. 紧扣课程思政导向，推动课程体系革新

高校人才培养活动主要是以课程为载体开展的，有什么样的课程体系及价值取向就会有什么样的培养结果，课程体系才是人才培养的依凭和课

程思政建设的基础。相当意义上说，课程思政是对整个课程体系结构与功能的重新考量，课程思政建设即课程建设。一方面，课程思政建设是新时代课程建设的新诉求和新方略，课程思政要解决的问题和要实现的目标也是高校课程体系改革与建设的理想追求。课程思政建设要求所有课程都要承担好育人责任，尤为重视课程间的协同效应，强调要深入梳理专业课教学内容，结合不同课程特点、思维方法和价值理念深入挖掘课程思政元素，并有机融入教学，达到润物细无声的育人效果。另一方面，我国高校课程体系还存在结构不合理、课程边界不清晰、课程编排逻辑不严谨、课程内容选择不科学、课程目标与专业培养目标及培养规格对应性不强等典型问题，课程实施也存在着重知轻能、重教轻育、重传授轻创新、重工具性轻价值性等历史惯性问题，这在不同程度上既影响着课程思政的高品质推进，又影响着人才培养质量的提升。

以课程思政建设为重心的课程体系革新需要做好四件事。

一是对标，即高校要吃透文件精神。《纲要》强调，所有课程都承担育人责任，要发挥好每门课程的育人作用。同时，《纲要》将课程分为公共基础课、专业教育课、实践课三类，分别明确了每类课程开展课程思政建设的内涵任务。此外，《纲要》还针对专业课的学科属性分类指出了七大类专业课程进行课程思政建设的具体目标。这是新时代高校课程体系革新的根本依据和基本路径，是当前高校课程改革与建设的重要目标，严格对标和全面遵循是确保课程体系革新朝着正确方向迈进的关键前提。

二是统筹，即高校要统筹做好各学科专业的课程改革整体设计，进一步理顺课程之间的关系，按要求分类推动课程目标与课程内容重构。课程思政的设计与规划既要遵循课程自身的运行规律，根据学科课程的差异性找准契合点，又要建立思想政治教育与专业课程、专业课与专业课之间价值的关联性与整合性，建构系统连贯的课程思政元素分布体系和互动互促的生成性关系。

三是开发，即高校要主动寻求各类课程结构的优化路径和对课程知识进行深度开发，注重立足学科特殊的视野、理论与方法，紧密结合学科的历史逻辑、知识逻辑和价值逻辑创新专业课程话语体系，努力挖掘、提炼专业知识体系中所蕴含的思想价值和精神内涵，拓展专业课程的广度和深度，提升课程的引领性、时代性和开放性。

四是协同，即在解决同向同行问题上，高校要综合处理好思政课程与专业课程以及各类专业课程之间的协调性与契合性，进一步把每门课程所传达的知识体系和价值意涵放到学生系统成长和全面发展框架中加以权衡，把课程设计和课程实施紧密关联起来；在解决协同效应问题上，注意克服"单一"的课程思政问题弊端，进一步关注每门"课程的知识体系在其学科、专业内所处的方位及与其他课程知识体系之间的关系，了解在特定的专业范围内这门课程和其他课程的相互关联和相互支撑"❶。

2. 围绕课程思政要求，优化教学内容方法

课程思政是依托具体课程实施的思想政治教育，课程教得好思政才有基础。《纲要》明确了课程思政建设内容，指出了不同学科专业、类型课程分类建设方向及具体要求，强调要把课程思政作为课程设置、教学大纲核准和教案评价的重要内容，落实到教学的各个环节。课程思政不是把思想政治教育一般性方法机械地移植进课程教学，而是基于教学自然而然发生的，与教学内容相融相生。推进课程思政建设与优化课程教学内容和方法具有同向性及互动性特征，直面现实教学问题，课程思政建设必然涉及教学内容和教学方法的创新重构，必然涉及对高校课程教学存在的随意、粗浅、碎化、低值等弊端的用心化解。显然，课程思政的理念、方法和要求对改造陈旧落后的教学内容与教学方法具有多维突破及生成作用，以课程思政建设为契机大力优化课程教学内容和教学方法顺理成章。

如前所述，课程思政是高阶教学要求，课程载体质量尤为重要。课程教学内容取舍越严谨科学、越有价值和含金量，课程的思想政治教育元素就越丰富，教学方法运用就越得当，课程便越有活力和影响力，课程思政就越有厚度和力度。从教学内容来说，不同课程具有不同的认知意义和价值指向，课程思政要深度挖掘课程中的育人元素，达到"盐溶于水"的施行效果。课程思政要求教师重新认知课程结构特征，重新研究课程功能意义，重新对教学内容进行科学梳理、拓展、提炼，使重构后的教学内容恰到好处地满足教书育人的需要。

教学方法直接关系到课程思政的成效。课程思政不是一个独立的教学体系，而是贯穿于具体课程教学的育人过程。高校已有的有效课程教学常规方法要继续发扬，在此基础上应加强育人方法的创新，将课程育人元素

---

❶ 徐蓉. 深刻认识全面推进高校课程思政建设的价值目标［J］. 马克思主义与现实，2020（5）：176–182.

恰当地融入课程教学，在思想情感上引起学生共鸣，促使学生获得有益的价值体验。应该说，通过自主探索、多元培训和广泛交流，高校在课程思政教学方法上取得了一些突破，涌现出了一些好的经验。但综合各方情况看，要想进一步提高课程思政的融入、共鸣和体验效果，仍然需要从方法上做广泛深入的摸索探究和经验总结。"融入"从根本上说是思想政治的渗透，要与课程的知识逻辑和学生的认知逻辑保持一致，做到润物细无声和潜移默化，如何找到最匹配的结合点、最佳的火候、最合适的方式、最恰当的表达是个棘手的难题。所谓"共鸣"必定是师生、生生之间在课程学习中的思想交汇和情感涌动，引发共鸣既是方法呈现问题，也是对教师政治思想素养、课程认知与把握、教育教学能力、师德师风的综合检验。"体验"是课程思政追求的获得性学习感受，是一种内化过程，没有体验便无法生成。在课程教学中，教师要引导学生把专业知识转变为使命力量、把基本原理转变为生动道理、把深奥学理转变为人生追求、把学习过程转化为人文化成等，这些都离不开教与学的深度互动，离不开学生发自内心地对学理与事理的持续体验，如何让知识传授在学生身上，并逐步发生这样一些"化学反应"尤须深入探索。教学方法优化虽不是课程思政建设的终极目的，却是非常关键的建设要素。以上所列三个维度的教学方法可以说是课程思政需要持续优化的重点方向。方法不断更新改进定会带来课程思政的显著突破；反之，不重视教学方法的摸索，或者教学方法运用不科学、不合理、不精准，必定严重影响课程思政实施效果，影响课程教学质量。故而以课程思政建设为契机，凝聚教师团队，打造教学研究平台，推进课程实践探索，聚焦课程思政关键问题，着力探究合适可行的教学方法，依然是保证课程思政落地见效的重要任务。

3. 立足课程思政施行，补足课程建设的短板

课程思政建设的对象是所有课程，是按课程的逻辑全面激活课程功能。作为新时代课程改革与建设的重头戏，课程思政建设需要改造和运作整体课程，构建合理的教学体系，统筹调动各方面力量和各环节资源，完善与之配套的制度体系，以保障其使命任务的顺利推进。

一是要创新组织制度。课程思政建设"影响甚至决定着接班人问题，影响甚至决定着国家长治久安，影响甚至决定着民族复兴和国家崛起"。党中央、国务院对于这项系统具有高度政治意义的立德树人工程给予了前所未有的重视，教育部也提出了严格的落实要求。为此，高校首先要积极

落实《纲要》要求，围绕"建立党委统一领导、党政齐抓共管、教务部门牵头抓总、相关部门联动、院系落实推进、自身特色鲜明的课程思政建设工作格局"，完善组织层面的制度建设，加强组织领导、整体布局、上下贯通、整体协调，健全常态化工作机制。

二是要创新激励制度。课程思政建设是一项全面、整体的课程改革与建设行动，致力于构建全员全程全方位育人大格局和形成协同效应。因此，高校要调动各方参与的积极主动性，建立相应的引导、支持、奖惩激励制度。需要强调的是，以往的课程改革与建设把注意力基本放在教师身上，认为教师是课程建设的关键主体，用制度优势保障所有教师把心思和精力花在课程改革与建设上。但课程思政建设不仅仅是教师的事情，还关联众多组织主体、协同主体、服务主体等，每个主体的作用与功能都不容小视，用制度营造健全的课程思政建设氛围，让协同共建、齐抓共管成为高校上下的思想共识和行动自觉是激励制度必须全面顾及的。

三是要创新评价制度。高校要建立多元多维的课程思政评价体系，科学规范和精准引导课程思政实施，通过综合评价导向调动所有教师、相关部门及相关管理者参与的积极性。同时，高校要注意合理运用评价制度。课程思政是课程教学中的隐性存在，是与知识学习、情感交流、能力发展和价值塑造融为一体的。衡量课程思政效果需要从课程教学的完整过程与质量达成来观照，切实遵循人才培养规律、教育教学规律和思想政治教育规律，不搞形式和面子工程，不搞"齐步走"和"一刀切"，不教条化，不急功近利，不反反复复。此外，高校在评价中要注意形成制度合力，打造课程思政建设共同体，保证不同侧重面的相关制度在考量人才培养成效上具有向心力和增值效应。

三、课程思政建设满足高校课程质量提升的要求

全面推进课程思政建设意味着课程教学格局与内涵的更新，意味着课程的使命和责任更大了，课程教学的难度和挑战都增加了。尽管我们强调课程思政是课程教学的本质属性，是在追求一种更高的课程教学质量，但在高校对全面推行课程思政建设还缺乏足够的准备和充分的应对形势下，在高校大多数教师还未内在地建立起课程思政的主动意识和教学自觉的情况下，课程思政建设与课程教学质量保障问题难免会引起人们的一些误解。高校大力推进课程思政建设，必须对关于课程教学质量的质疑声做出

正面回应，这也是进一步形成课程思政良好建设氛围与推进课程思政和课程教学耦合共进的要求。

1. 深化课程认知，优化教学过程

课程是高校给予一定的法则来选择和设置的，每一门课程在专业人才培养方案中都具有独特的培养定位和价值负载，每一门课程的知识图谱和价值结构都有自身的科学性和规定性。无论是课程教学还是课程管理，无论是课程思政建设还是考量课程教学中课程思政的实施效果，都必须了解和遵循不同类别课程设置的基本法则，对具体课程的定位、知识选择和价值意义有清晰把握。课程思政强调从课程的角度关注具体课程的价值意义，如果不明了课程来源和课程教学目标，对于为什么要设置这门课程、这门课程在专业人才培养中具体发挥什么作用以及这门课程与其他课程的逻辑关联不清楚，就强行植入或勉强融合思想政治教育元素，不仅课程教学的合理性及基本目标达成要大打折扣，课程思政也会陷入盲目或肤浅境地。

提高人才培养质量是高校课程思政建设的出发点。课程思政的提出就是要"在课程建设中既注重知识传授又加强价值引领，正确处理好知识与价值的关系"❶。如前所言，课程思政建设是课程改革与建设的深度延伸和时代要求，是进一步向课程改革与建设要效果、要质量。以往课程改革与建设对人才培养质量提升所发挥的积极作用不够理想，关键症结也许就在于"课程本来是不可分割的统一体，不仅包括那些科目、教材、计划等外在形态的'硬课'，还包括那些师生教学过程中对科目、教材等内容加以有效利用活动的'软课'，即'程'"❷。"'程'比课还重要，课是基础和前提，程是具体展开、实施和落实。课程改革和课程建设如果只是课改程不改，课建程不建，或者课变程不变、课动程不动，是根本行不通的。"《纲要》之所以说课程思政建设是一项系统工程，就是因为它是一项以课程建设为切入口的既具有高阶人才培养要求又具有全覆盖、全环节、全过程及动态性特征的综合化教学改革。揆诸现实，我们在课程改革与建设中确实

---

❶ 徐蓉. 深刻认识全面推进高校课程思政建设的价值目标［J］. 马克思主义与现实，2020（5）：176–182.

❷ 刘振天. 高校课程改革和课程建设切忌重"课"轻"程"［J］. 中国高等教育，2017（17）：49–52.

存在重"课"轻"程"的问题，我们对课程思政建设还习惯于文件传达、开会布置和搞"运动战"，还停留在重个别轻一般、重单项轻总体的传统做法上。说到底课程思政的系统推进还有很多具体乃至关键的过程性问题未顾及，比如分类指导体系构建、教师培训与转化、课程教学大纲修订、教师合作教研、课堂教学分析、课内与课外贯通、学生学习体验、青年教师的传帮带等。这些"程"的东西还未受到应有重视，谁来做、怎么做、做什么的责任落实不够。

高水平的课程思政能体现课程教育性的升华、教师对课程高超的驾驭能力、课堂教学的艺术创造。而课程思政能不能有效供给，课程教学质量能否得到保证，要看课程教学全部环节及全部过程的整体营造和一体贯通，要看"幕后"有没有人愿意为之担当坚守和尽心付出，仅靠教师个体吃力地"加"和"灌"很可能会使课程思政走向片面化和形式化，这从根本上不符合党和国家的初衷。高校课程思政"需要遵循课程教学发展的长期性、持续性、潜在性等基本原理，不能期望通过运动式课程治理来一蹴而就"。只有关注每一位教师的提升和每一个课堂的改变，全面优化教学过程，强化课程教学规范，以质量为导向抓课程建设，课程思政才有扎实基础，才能充分赋能高质量人才培养。

2. 遵循教学规律，坚守质量底线

尊重教育教学规律和人才培养规律是课程思政建设的前提，强调知识性与教育性的统一是课程教学的基本规律，深化教学内涵、恰当处理好课程知识性与教育性的关系至关重要。辩证地看，知识性是教育性的前提和基础，教育性赋予知识性以灵魂，教育性是依托知识性展开的，知识性借助教育性得以升华和生成价值意义。一方面，课程教学是高校人才培养最核心的教育活动，知识的认知及认知方法的掌握是课程最基本的功能和目标要求，也是课程存在的基本依据，知识传授成为高校课程教学的首要责任。另一方面，"课程学习的终极目的不是只学习课程知识……而是要使学生在知识学习过程中，通过思维训练预演，形成自己的判断，练就较强的思维能力，在反思的基础上形成内心的信念，明确生活目标和人生方向"[1]。反观高校课程教学实践，知识性与教育性的关系经常被扭曲，甚至

❶ 张旭，李合亮. 廓清与重塑：回归课程思政的本质意蕴［J］. 思想教育研究，2021（5）：116-121.

被置于一种非此即彼的怪圈中，结果是课程的教育性问题没有解决好，知识性层面的老问题依旧影响着课程教学质量。因此，课程思政建设要在课程的知识性和教育性之间取得合理平衡，充分尊重课程的主体性和内质性，精准把握不同课程的知识特征。

课程思政彰显着更高的教学质量观。当今高校课程负载的改革任务颇多，改革运行秩序也未完全理顺，加之人们对高等教育质量需求日益多元，什么是高质量的课程教学也无明确公论。但传授和学习知识是高校课程教学的基本任务，也是高校人才培养的基础目标，如果连这根弦都在有意或无意中任其松弛，以致问题频出，不仅课程思政的目标难以达成，高等教育的质量底线也恐难守住。实现我国高等教育的"高质量"发展，已经不在于对质量进行"高、大、上"的理论解读，而在于对现实中的"底线失守"进行深刻反思，如果对现实中的质量底线失守，任其式微与失声，就无法真正实现党中央要求的"高质量"❶。进一步来说，课程思政旨在通过课程学习联通知识与人的精神世界，这既不意味着给教师和学生增加冗余负担，也不意味着课程学习难度、深度降低和质量标准放松。全面推进课程思政建设的关键是要做好"融合"与"创新"两篇文章，实践上进一步关注课程教学的整体调整过程及其实施质量，关注每一门课程的改革动向和每一位教师的教学状态，注重循序渐进，把因课施教和因人施策做精做细做实。只有基本功做足了，基本环节抓实了，基本面有保证了，底线意识才能得到强化，教学效果才有保证，课程教学质量才有提升，课程思政才能大放异彩。

3. 落实主体责任，发挥能动作用

教师是课程思政建设的核心责任主体，教师对课程的把握及教学责任决定着课程的教学境界和教学效果。全面落实教师在课程思政建设中的主体地位，切实为教师适应课程思政教学改革赋能，合理为教师减压，对于引导和激励教师把主要精力投入课程教学中，自觉担当课程思政主体责任和开展有质量的教学十分重要。

一是全面落实教师在课程思政建设中的主体地位。教师是课程改革和课程建设的真正执行者与行动者，课程改革和课程建设能否取得实效，关键在于教师的认识、理解、参与和作为。课程不是静态的教学要求，教师

---

❶ 邬大光."高质量"的底线思维［J］.高等理科教育，2021（4）：3.

的课程观和课程意识决定着课程育人功能的达成程度。在课程思政面前，教师不是知识的搬运工，也不是价值的复印机，"每个教师都应以自己的课程理解来创造理想的可能的教学生活"●，把知识的意义与学生发展和国家发展需求统一起来。而且"教师的课程理解是教师基于批判意识和思维对课程知识所产生的观点与认识"❷，这又成为教师课程创新的来源。落实教师的主体地位，发挥教师在课程思政建设中的主动性和积极性，不单是为教师赋权，从根本上说是强化教师课程建设与教学改革的主体责任，尊重教师的自主判断和选择，激发教师的智慧和能量，追求持久而有质量的课程创新。

二是切实为教师适应课程思政教学改革赋能。课程思政建设中，一些教师在找准育人角度、提升育人能力的适应和转变中会产生或多或少的焦虑感、困惑感，会出现一些新的教学问题；对课程思政的理解与认同存在偏差，对如何实施比较茫然，甚至把课程思政当成一般的"课程任务"。这些问题不解决好，势必会影响课程教学及课程思政效果。高校教师育才水平大都比较高，但育人意识和能力相对还不够强。课程思政建设除了面向课程，还内在地包含着广大教师的自我建设和自我提升。课程思政的成效来自教师对课程及其教学的深度钻研探究。一方面，教师个人要对标省思转化，加强自身学习拓展和内涵更新；另一方面，高校要主动关心教师教学成长，推进课程教学研究和教师教学能力发展。此外，高校还应积极为教师搭建课程教学研究平台，构建起各学院和教学名师广泛参与的研究网络，将理论研究与实践研究、个体研究与团队研究、课程联合研究与专业交叉研究、思政课程研究与课程思政研究结合起来，教研一体、以研促教，充分发挥典型研究成果的指导启发作用，促进广大教师在研究中加深对课程思政的认识和理解，在研究中进一步明道信道和提升传道本领，在研究中展现高质量的课程教学水平和课程思政效果。

三是合理为教师减压。高校教师多元职业身份不可避免地会引发角色冲突，"非升即走"的管理模式更让青年教师有喘不过气之感。要做好高校人才培养和课程思政建设，就要让教师轻装上阵，给教师以乐教与自由探究的空间，切实以教学为中心统筹平衡好教学与科研、社会服务及其他

● 徐继存. 论课程责任及其履行［J］. 课程·教材·教法，2018，38（3）：37-43.

❷ 张华. 论课程领导［J］. 教育发展研究，2014（2）：19.

工作的关系，进一步改革教师考核评价办法，注重帮助青年教师合理缓解教学与科研的冲突，减轻他们不合理的负担和心理压力。具体到课程思政改革，能够很快上手的教师毕竟是少数，大多数教师其实并未真正找到课程思政改革的着力点或切入口。面对一些形式化和功利性的考评要求，一些教师感到惶惶然甚至不知如何教了。此外，教师面临的政治责任、思想压力和教学难题局外人未必全然理解，因此不能用急功近利的态度和整齐划一的标准去要求教师。不加思考地大张其势和追求轰动更容易增加教师的无形压力，让教师更放不开手脚，更容易失去教学兴趣，这样不仅课程育人性体现不出来，还会偏废或弱化课程教学的知识性传授。在课程思政推行中，课程思政建设需要通过科学、恰切、有机的融合机制对课程知识进行教育性建构❶，高校各级领导和管理人员也应该主动走近教师、走进课堂，为教师架桥铺路、舒缓压力，多与教师进行深入的思想情感交流，让教师在温暖的氛围中潜心于人才培养。

创新实践案例

一、案例概况

　　某高校在推进课程思政改革过程中，没有充分发挥"大思政课"的示范引领作用，学校党委没有很好地发挥作用，对课程思政的顶层设计调研不够，课程融入设计不合理，没有将立德树人的根本任务融入日常的教学和课堂当中，导致在实际教学中没有收到实际的效果。

二、问题检视

1. 教师课程思政综合能力薄弱

　　部分教师缺乏思想政治教育相关理论知识。思政元素的挖掘以及价值的引领需要具备一定的思想政治教育理论素养，需要有马克思主义理论的指导，但部分综合素养课和专业课教师缺乏主动学习思想政治教育相关理论的意识，在科研和教学以及其他工作的压力下，他们也无暇进行学习，

---

❶ 郝德永．"课程思政"的问题指向、逻辑机理及建设机制［J］．高等教育研究，2021，42（7）：85-91.

从而制约了课程思政工作的开展。

2. 课程体系建设欠缺

课程思政建设以高校所开设的各类课程为载体。课程教学存在"课程 + 思政课""两张皮"现象。课程思政要求将思政元素有机融入课程教学中，达到"溶盐于汤"的效果。目前来看，部分教师在课程设计以及授课过程中达不到预期效果，把课程思政异化成"课程 + 思政课"，将思政知识硬性加入课程教学中，把专业课和综合素养课上成了思政课。

3. 体制机制不健全

顶层设计是高校从全局上对课程思政建设工作做出的整体部署。部分高校顶层设计不完善，对于谁来领导、谁来牵头、怎样组织动员、如何做好保障等问题缺乏清晰明确的规定。例如，部分高校强调课程思政建设工作中学校党委的领导作用。毋庸置疑，党委在办学治校中承担主体责任，但在高校中仍旧需要一个特定部门或者机构具体负责课程思政建设工作。

三、实践创新

在打造"大思政课"的背景下，课程思政只有坚持理论性和实践性相结合，才能不断推动新时代高校思政建设守正创新。高校需要从以下几个方面入手，加强课程思政理论研究、深化课程思政改革，让课程思政更好地发挥立德树人、铸魂育人的实效。

1. 充分发掘课程思政育人的重要价值

紧紧围绕"立德树人"的根本任务，切实将党建工作融入育人全过程，实现知识传授、能力培养与价值引导的有机统一。切实发挥学院党委在课程思政建设中的核心作用，实现组织育人和课程育人的同向推进。

2. 进一步处理好课程思政建设与高校长期发展之间的关系

围绕"大思政课"建设的内涵，深入学习贯彻习近平新时代中国特色社会主义思想主题教育的核心要义，准确把握习近平总书记关于教育的重要论述的丰富内涵，坚定正确的政治方向，以思想政治建设的常态化引领，推进高校各项事业的高质量发展。面向教育教学改革的长远目标，引领和规划课程建设，以课程思政作为课程提质创新的有效方法，指导具体的课程建设。

3. 不断完善课程思政的教学理论体系

通过对课程思政教育教学实践成果的凝练总结，找准课程思政改革的着力点，更好地推进专业课思政教育落地见效。丰富课程体系，完善教材编写，深化课堂教学改革，强化学科支撑，找准"大思政课"建设的切入点，把握好课程同现实的结合点，做到科学编排、有机融入、系统开展，结合不同学科专业、不同类别课程的属性特点，明确教学重点与目标，将理论和实践相结合，不断提高课程思政建设水平。

专题九　高校教育管理与智库建设

　　本专题主要研究我国高校智库建设的历史发展，总结出现阶段我国高校智库的特点以及存在的问题。通过与美国高校智库进行比较研究、总结出我国高校智库发展在表现类型、体制机制等方面还存在差距。在此基础上，从营造高校智库供需市场，维护流通和工作机制；着力"中国特色"，构建中国特色新型高校智库；创新高校智库内部运行机制，增强高校智库活力；重视人才培养，履行大学立德树人职能四个方面提出推进新时代背景下我国高校智库建设的对策，旨在充分发挥我国高校智库的智囊和战略参考价值。

　　我国高校智库虽然起步晚，但是国家比较重视，发展迅速。我国高校智库存在数量庞大、质量不高、分布不均、影响力不足、运行机制呆板、依附性强等问题。而美国因有完善的思想市场其高校智库蓬勃发展，各种类型的智库有灵活的体制机制，保证了美国高校智库优秀成果层出不穷。我国高校智库发展策略应该是从营造高校智库供需市场，维护健康、顺畅的流通机制着手，着力"中国特色"，着眼"新型"，构建中国特色新型高校智库，创新高校智库内部运行机制，以增强高校智库活力，同时重视人才培养，履行大学职能。

　　最近，我国对智库的重视与研究达到前所未有的热度和高度。"智库热"的出现是我国社会快速发展的必然产物，体现了国家管理中政治民主化、决策透明化的趋势。但是，随着我国成为全球第二大经济体，作为创新源泉、思想引领的智库建设成果及其贡献与我国经济发展并不匹配。高等学校是推动社会进步的重要力量，在人才培养、科学研究、社会服务及文化引领等职能的实现过程中，高校智库可以扮演更加重要的角色，在为国家"资政、启民、伐谋、育才"中应该发挥更大的作用❶。

---

❶ 王文. 重建中国智库［J］. 文化纵横，2014（5）：84-88.

一、我国高校智库发展的历史演进

智库在我国历朝历代均有出现。在古代，幕僚是智库的一种。夏商的家臣、周朝的名士都可以称得上是幕僚的源头。幕僚广泛出现于春秋战国，如有"战国四公子"之称的魏国信陵君、齐国孟尝君、赵国平原君和楚国春申君，各有食客三千，这些食客很多都是幕僚。到汉朝，幕僚又叫幕府，而之后出现的"长史""参军""主簿"则是军事上的参谋。到了隋唐科举制度之后，未获得功名的文化人大多到幕僚机构中谋得一官半职。明中晚期，又出现了师爷。这些都是依附官方的智库机构。以官职待遇而具有智库特征的有内朝官、谏官、使臣与采风官、师傅与经筵侍读、翰林、史官与馆阁官等。具有学校特征的智库一般出现在皇宫，如翰林学士、师傅等，他们既教皇子读书，又帮皇帝出谋划策。总体来说，我国古代智库以稳定封建统治、维护皇权威严为目的，即以"资政"与"伐谋"为目标。

根据宾夕法尼亚大学詹姆斯（James G.Mc-Gann）教授对当代意义智库的定义，智库是指"研究、分析公共政策，参与其制定过程，并就与政策相关的国内与国际事务向政策制定者提供建议，促使后者做出正确决策的机构"❶。智库研究领域应该包括所有的公共政策，而不仅局限于军事、外交等。根据《全球智库报告 2014》（TTCSP2014）的统计，在美国 1830个智库中，有 75% 的智库在高校。

我国高校智库发展起步较晚，它首先在国内一流大学出现。1986 年，清华大学创立了中国科学院国情分析研究小组。2000 年，又发展成立中国科学院—清华大学国情研究中心，胡鞍钢担任首任主任，该中心着眼于中国改革与发展中的重大战略问题研究，为中央和地方政府提供全面、及时和高质量的科学决策参考。1994 年 8 月，北京大学成立北京大学中国经济研究中心，林毅夫为中心主任。在此基础上，学校又于 2008 年 10 月成立了北京大学国家发展研究院，研究重点是综合性社会科学。1984 年，复旦大学成立中国经济研究中心，该中心曾停止运行一段时间，2000 年2 月，复旦大学重建中国经济研究中心，后改名中国社会主义市场经济研

❶ 刘延东. 发挥高校独特优势，为建设中国特色新型智库贡献力量［N］. 中国教育报，2013-05-31（1）.

究中心，主要致力于经济学领域的理论和实证研究。2001年2月，南京大学经教育部批准成立长江三角洲经济社会发展研究中心，这个国家级人文社会科学重点研究基地以研究我国（重点是长江三角洲地区）经济运行、经济发展和有关的社会问题为重点。2007年5月，北京大学成立国际战略研究中心，在2013年10月改名为北京大学国际战略研究院，著名国际政治学家王缉思担任院长，其研究重点是对当今中国所处的国际环境以及相关各国的国际战略进行分析。2013年1月，中国人民大学与上海重阳投资管理有限公司联合创办重阳金融研究院，致力于对经济社会热点进行深度剖析。从全国高校的智库建设和影响力来看，北京大学、清华大学、中国人民大学、复旦大学和南京大学的智库处于我国高校智库水平的前列。

进入21世纪以来，国家高度重视高校智库建设。《国家教育事业发展"十一五"规划纲要》尽管没有出现"思想库"或者"智库"的提法，但是在我国教育事业主要任务中对高校提出了"为政府和企事业单位决策提供咨询服务"的要求。2010年颁布的《国家中长期教育改革和发展规划纲要（2010—2020年）》第七章"高等教育"部分第21条提到："积极参与决策咨询，充分发挥智囊团、思想库作用。"这是我国首次在国家层面对高校提出应充分发挥高校智库作用的要求。2012年，《教育部关于全面提高高等教育质量的若干意见》（即高教30条）更强调，高校要"瞄准国家发展战略和重大国际问题，推进高校智库建设"。2013年5月30日，党和国家领导人在北京主持召开"繁荣发展高校哲学社会科学推动中国特色新型智库建设座谈会"。会上强调，要深入贯彻落实党的十八大精神和中央领导同志有关要求，充分发挥高校学科齐全、人才密集的优势，繁荣发展高校哲学社会科学，为建设中国特色新型智库做出贡献❶。2014年2月10日，教育部印发《中国特色新型高校智库建设推进计划》（教社科〔2014〕1号），在对高校智库建设的定位、目标、途径、人才培养、平台建设、组织机制及保障上从国家层面进行顶层设计，提出建设"中国特色新型高校智库"的要求，有序推进我国高校智库建设。该计划是我国高校智库建设的纲领性文件，引领了当前各高校智库建设的热潮。

---

❶ 刘延东. 发挥高校独特优势，为建设中国特色新型智库贡献力量［N］. 中国教育报，2013-05-31（1）.

二、我国高校智库建设的特点及现状

1. 高校智库数量庞大但质量不高

智库一般的标准应该是一种稳定的社会组织，其主要业务内容是政策研究，或者是以学术研究为支撑的决策咨询研究。智库以影响政府决策为首要目标，以独立性和专业特色开辟属于自己的生存空间❶。因而，在我国高校体系中，高校内部的科研院所具有一定的智库职能。根据国内外新型智库的形成过程，这些科研院所大多能发展成真正意义上的智库。从这个意义上来说，我国高校智库数量庞大。据统计，中国高校智库约为700个❷，这些智库主要集中在"211工程"及"985工程"研究型高校。但是，中国现有两千多所大专院校，众多高校尤其是研究型大学和文科类大学创建了面向公共政策的研究型机构。我国绝大多数高校都是以教学为主，有限的科研工作主要从事理论研究和少量应用研究，缺乏面向党委政府和地方应用的服务能力。高校智库的真正价值在于成为政府决策的建言者、政策效果的评估者和社会舆论引导者❸，绝大部分高校智库在国家亟须上不聚焦，与需求和问题相脱节，在智库定位上不匹配。近年来，我国高校人文社科领域共出版著作约15万部，发表论文约158万篇，其中在国际刊物发表论文约2万篇❹。但这些研究成果转化为公共政策建议的仅有6万余份，得到中央领导批示或者被省部级以上部门采纳的更少。这与我国高校聚集了80%以上的社科力量、近半数的两院院士、60%的"千人计划"入选者，以及规模庞大的研究生、本科生队伍相当不匹配❺。

智库成果质量不高的原因在于我国当前对智库的评价标准不符合智库本身的特点，也反映了当前高校智库没有正确处理学术与咨政之间的关系，不能很好地解决智库的专业化研究与时代所需要的大改革、大转型的

❶ 上海社科院智库研究中心. 2013年中国智库报告：影响力排名与政策建议［J］. 中国科技信息，2014（11）：20-24.

❷ 徐晓虎，陈圻. 中国智库的基本问题研究［J］. 学术论坛，2012（11）：178-184.

❸ 文少保. 高校智库服务政府决策的逻辑起点、难点与策略：国家治理能力现代化的视角［J］. 中国高教研究，2015（1）：34-38.

❹ 秦惠民，解水青. 我国高校智库建设相关问题及对策研究［J］. 中国高教科技，2014（4）：15-20.

❺ 李卫红. 高校在新型智库建设中的使命担当［N］. 人民日报，2014-02-16（5）.

多维度政策咨询之间的冲突。同时，尽管大学里的研究成果很多，但大多是理论型的研究，虽然也有应用型研究，但其成果不能很好地为政府部门决策者采纳，不能满足社会民众的需求。在对智库科研成果的考核评价上，我国高校存在重视学术研究轻视实际应用研究、注重科研成果数量忽略成果质量的现象，在衡量教师科研水平或者在职称晋升上基本是唯论文数以及课题数量级别论。在公共政策研究上，研究成果缺乏合理的、符合智库发展的考核机制，最终影响了研究者对公共政策研究的积极性，致使研究成果质量不高，最终制约了高校新型智库的发展。

2. 高校智库分布不均且影响力不足

当前我国高校智库已向国外发达国家看齐，类型丰富，但是分布不均，影响力不足，在国家公共政策的研究和制定中话语权不足，其作用远不及政府智库，甚至在某些方面，逊色于民间智库。

（1）我国高校智库以专业型智库为主，影响力不够。根据研究的范围，我国高校内部的智库分为综合型智库和专业型智库。高校综合型智库研究不仅仅以某一方面公共政策问题为重点。比如，北京大学国家发展研究院是一个以综合性社会科学研究为主的科研教学机构，致力于中国社会科学的国际化、规范化、本土化，推进学科体系、学术观点和研究方法的创新。中国科学院—清华大学国情研究中心也是综合型高校智库。专业型智库是专门开展某一领域的研究，比如，中国社会主义经济研究中心就是在经济学领域进行研究，中国人民大学重阳金融研究院也是类似的专业型智库，南京大学长江三角洲经济社会发展研究中心则重点研究长三角地区的区域经济。

新中国成立以后的高校是在计划经济条件下建立的，高校的学科专业太过细分，与行业的联系紧密。即使在高等教育大发展之后，保持行业性优势仍然是我国高校所追求的目标之一。在这些行业特色型高校中行业性的专业人才集聚，在部分特色研究型大学，其专业水平并不逊色于一流高校的水平。有这样的人才优势，同时又与行业型政府部门保持着天然的千丝万缕的联系，这种类型高校在专业性的智库建设上应该有所作为。但是，尽管专业型智库数量庞大，相比较综合型智库，其成果水平不高，影响力不够，高校专业型智库的产出有待提升。

（2）各高校对智库重视程度不一，绝大部分的高校智库都是虚体智库。按照智库的机构特征，我国智库可分为实体智库和虚体智库。实体智库是学校内部的二级机构，与传统的院系是并列的，这种类型的智库与国外高校智库类似，有固定的人员、经费，直接向学校负责，大部分有自己的理事会或者学术委员会。虚体智库是挂靠于学校下面二级学院或者部门（中心）的虚拟组织，没有自己固定的人员、经费，没有具体的责任，在监管上没有固定的组织。由于各高校对智库的重视程度不一，我国绝大部分的高校智库都是虚体智库，只有一些有远见的国内一流大学喊出"一流大学需要一流的智库"，才陆续成立了实体智库。相比较而言，实体智库产生的成果质量远大于虚体智库。

3. 高校智库运行机制呆板且依附性强

独立性是智库的重要特征。高校智库是一种开展政策研究和培养相关人才的学术组织，与政府智库有一定的区别。根据《中华人民共和国高等教育法》，我国"高等学校应当面向社会，依法自主办学，实行民主管理"。在高校环境中建立的智库，应该具有更大的独立性。但是，我国高校绝大部分的智库依附于学校的二级单位，在人、财、物上享受不到充分的自主权，其运行机制相对民间智库自然灵活性不够。

智库内部人员的构成直接影响到智库成果的数量和质量，合理的人员构成和规范的人力资源制度是形成高质量智库成果的重要保证。在高校智库依附性上，智库运行模式有以下几种。

（1）智库与高校科技处、科研院、重点实验室或者工程研究中心等科研管理部门或发展规划管理部门一起，两块牌子一套人马，这种模式没有固定的专职研究人员，研究者都是来自各个院系的兼职人员，且人员较分散。这种智库在经费上得到比较少的支持，其经费纳入部门整体预算中，一旦智库成果不显著，经费就可能会得不到保障。

（2）很多智库设置在学校的二级学院内，作为学院的附属机构存在，负责人有的是院领导兼任，有的是其他教师专任。其在资源分配、人员安排等方面与学院存在一定的依附性，院长的影响力较大。这种智库的作用主要是依赖本学院教师承接更多的研究课题，基本上没有专门经费支持智库日常运转。

（3）高校智库直属于学校的一个独立组织，由校领导兼任智库负责人或由学校聘任在该行业中的领军人物为负责人。这种形式智库直接向学校负责，有相对的独立性。具有一定数量的固定研究员，运行良好的智库还有一定数量的国内外访问学者，同时，智库内部研究者还能培养研究生；

在经费上，有专门的运行经费划拨；在考核指标上，往往有不同于传统院系的激励机制；在内部运行机制上，往往采用课题小组或方向团队的形式开展政策研究。

从当前国内外高校智库运行的效果来看，第三种智库形式无疑符合国际一流大学智库的运行模式。从国内来看，此智库模式基本上存在于国内一流大学，这种类型智库形成的报告质量高，影响范围广，引领了我国高校智库发展的潮流。

三、美国高校智库建设的实证分析

在美国，智库是行政权、立法权、司法权之外的"第四权力"，高校智库数量占美国智库总量的75%，美国高校智库在美国政府决策过程中发挥着至关重要的作用。斯坦福大学国际安全与合作中心、哈佛大学肯尼迪政府学院贝尔福中心、普林斯顿大学威尔逊公共与国际事务学院、斯坦福大学胡佛研究所、哈佛大学费正清中国研究中心、哥伦比亚大学地球研究院等在美国政府政治、经济、外交等战略性问题的决策上发挥着重要作用，毫不夸张地说，高校智库是美国的"影子政府"。

1. 美国思想市场的需求刺激了美国高校智库的蓬勃发展

智库的发展依赖于外部环境的影响。在美国，高校智库在国家公共政策中的重要地位在于美国"思想市场"或者叫"政策分析市场"的完备。美国是个市场经济非常发达的国家，市场经济的影子无处不在。政策思想也存在自由交换市场，即有供给和需求关系。智库是"供给"方，提供的产品是政策思想、专家知识、咨询、建议甚至是批评。政府、媒体和公众等是"需求"方，是政策分析市场中的需求者和消费者。这种以政府主导的政策分析市场，为美国高校智库充分发挥其社会职能提供了制度保障❶。美国政策分析市场的形成既有美国政府的顶层设计，也有各类智库的自身需求，其特点体现在与市场经济发展相适应的政策分析市场供需关系，智库经费的多元化输入以保证自身的独立性，研究成果的多层次输出以满足消费者（政府等）的各类需求，有完善的政策思想优劣鉴别机制以提供高质量的供给（产品），同时还有政策分析市场的监督机制

---

❶ 薛澜，朱旭峰. 中国思想库的社会职能：以政策过程为中心的改革之路 [J]. 管理世界，2009（4）：55-65.

以保证智库的研究能力和职业操守等方面。正因为有这种政府主导的政策分析市场的存在，客观上为美国高校智库的健康蓬勃发展提供了制度保障。

2. 各种类型的智库满足了多元文化的需求

多元文化的背景决定了美国智库的多样性，多样性智库的存在又满足了多元文化的需求。按照行政管理、资金支持或法律上与另一个组织相关联的公共政策研究机构关系，美国智库有独立型智库和附属型智库之分，美国高校绝大部分是附属型智库。这种附属型智库主要体现在高校的学科、科研、师资等方面。根据智库的研究领域，智库可分为综合型智库和单一型智库。综合性智库一般历史悠久，如布鲁金斯学会、兰德公司等。单一型智库以新兴智库为主，如美国教育政策中心，它致力于推动美国公立教育的发展，主要针对《不让一个孩子掉队》法案进行研究。美国智库的研究范围不但有领域的分别，也有地域的分别。按照地域划分，智库可以分为全国性智库和地方性智库。教育政策中心和布鲁金斯学会属于全国性智库，而加州教育政策分析所则是地方性教育智库的代表。

美国高校智库讲究意识形态的划分，一般智库都是为某个政党或者派别服务。在美国，国内意识形态分为保守派、中间派和自由派。保守派从20世纪70年代开始，增长速度远大于其他两派，这是美国的政治钟摆开始转向保守主义运动的必然结果。在美国高校智库中有2/3智库属于保守派，其余的属于中间派或无明显意识形态色彩的自由派。但是无论意识形态如何，美国智库均服从于美国国家政策和安全，对于其他国家的政策的评价往往带有意识形态色彩。

3. 灵活的体制机制保证了高校智库优秀成果层出不穷

布鲁金斯学会的座右铭是"高质量、独立性和影响力"，这三方面也是美国高校智库追求的最高境界。美国高校智库的影响力不断扩大，依赖于高校智库灵活的运行机制。这种运行机制主要体现在机构运行、人员聘任、资金来源上，它既保证了高质量的产出，又保证了成果的独立性。

美国高校智库实行董事会（监事会）领导下的主席（主任）负责制。董事会成员由高校校长、大学高层管理人员、捐赠企业或机构董事长或其高层管理人员、政府官员及智库内部著名研究人员等组成，董事会直接向校长负责。绝大部分高校智库是独立法人，即使不是独立法人的高校智库，与高校内部其他二级学院也是互不隶属。美国高校智库人员由三部分组成：一是固定的人员，主要以知名学者为主体；二是不同类型的访问学者，访问学者既有来着国内的，也有来着国外的；三是辅助人员，这部分主要指日常管理、技术支持、媒体沟通、图书和档案管理人员。高校智库工作以项目工作小组和个人研究两种模式开展，考核也是围绕这两种模式进行。

"旋转门"现象在美国高校智库中非常普遍。"旋转门"是一个具有美国特色的"政治名词"，是个人在公共部门和私人部门之间的双向流动机制——政府官员、在智库和大学工作的学者以及商界名流自由变换身份、穿梭交叉为集团服务现象的形象概括。"旋转门"是美国高校智库最具特色的现象之一。如前国务卿基辛格、赖斯，前国防部部长拉姆斯菲尔德等是在高校智库"走"过"旋转门"的典型代表。

美国高校智库的资金来源呈现多元化特点。智库经费来源主要有三种途径：一是公立学校政府拨款；二是企业、非政府组织赞助和捐赠，基金会赞助，个人募捐；三是在达到一定规模之后，高校智库也可以经营和出售包括杂志、报告和机构人员培训的产品。尽管高校智库是高校的组成部分，但是其运行经费来自高校拨款只占极少数。例如，2010年胡佛研究所的资产已经达到了3710万美元，其中社会捐款为1770万美元，约占45%，以前资产的投资回报为2000万美元，约占52%，斯坦福大学的拨款56万美元，仅占2%。这种多元经费来源方式，保证了高校智库的独立性。

四、推进我国高校智库发展的路径思考

1. 营造高校智库供需市场，维护流通和工作机制

美国高校智库经历了近百年的发展才取得在美国智库体系中的重要地位。从历史角度观察美国高校智库发展过程，其兴起有深厚的政治背景。如今的美国高校智库处于顺畅的思想市场中。诺贝尔经济学奖得主罗纳德·科斯（Ronald Coase）曾经不无忧虑地表示[1]："如今的中国经济面临一个重要问题，即缺乏思想市场，这是中国经济诸多弊端和险象丛生的根

---

[1] 冯兴元. 科斯的遗产：开放思想市场，发展真实世界的经济学［J］. 理论视野，2013（10）：26–30.

源。"在发挥我国高校智库作用过程中，需要政府进行顶层设计，营造符合中国实际的思想市场，理顺高校智库的地位和作用。

我们要正确处理高校智库与政府智库、民间智库的关系。政府智库是当前我国智库的主力军，政府部门公共政策的制定，随处可见政府智库的影子。政府智库为我国公共政策的制定和实施发挥了"咨政""启民""伐谋"的作用。从我国智库成果的影响力来说，政府智库无疑是最大的，政府部门决策层和政策制定者已经养成参考政府智库研究成果的习惯。同时，政府智库的官方背景、研究人员的专业化程度、研究成果的实用性和前瞻性，保证了当前我国政府智库的良性发展。民间智库是随着改革开放而兴起和发展的，是我国经济快速发展和政治体制改革的必然产物。民间智库的发展体现了我国政府对民间智库及其知识分子的认同和需求❶。民间智库是政府部门倾听社会声音的客观需要，扮演着政府公共决策的有益"伙伴"的角色，在培育我国理性公民和创造良好的公民文化中发挥着重要的作用。高校智库、政府智库和民间智库之间既存在竞争，也需要更多合作。无论何种智库，其目标是一致的。三种智库的发展客观上为政府在采纳意见建议过程中增加了选择性，为公共政策的制定增添了不同视角的参考。同时，我国思想市场的健康发展更希望看到三者在人才、数据、机制等方面的协同合作。

我们还要尊重高校智库研究成果，主动获取高校智库成果。高校人才集聚，拥有规模庞大的研究生、本科生队伍，研究实力雄厚，信息资料丰富，对外交流广泛，是新型智库建设的重要力量。当前，我国高校智库数量已占我国智库数量的1/3。随着我国对高校智库的重视，高校智库的数量和影响力必将在我国智库体系中占据越来越重要的地位。同时，我国高校自主办学的优势能确保高校智库成果的独立性，这能更加充分保证政府公共政策制定与实施的公平性和制衡性。尊重知识、尊重知识的成果是我国经济和社会发展的需求，尊重高校智库成果应该是党和政府决策部门的一个习惯。兼听则明，政府应顶层设计，营造合理健康的思想市场，主动获取高校智库成果，为政府决策服务。

2. 着力"中国特色"，构建中国特色新型高校智库

自从中共中央办公厅、国务院办公厅于2015年1月20日印发的《关

❶ 金家厚. 民间智库发展：现状、逻辑与机制［J］. 行政论坛，2014（1）：56-61.

于加强中国特色新型智库建设的意见》（以下简称《意见》）中提出建设中国特色新型智库以来，建设中国特色新型高校智库成为我国高校智库的追求；随后，中华人民共和国教育部又印发了《中国特色新型高校智库建设推进计划》（以下简称《推进计划》）。中国特色高校智库建设要坚持既出思想、又出人才，还要育人的工作思路，使高校智库建设与学校的教书育人、科学研究和社会服务有机结合，做到"一石三鸟"，保证智库建设的持续健康发展❶。

着力"中国特色"，就是要把我国高校智库建设成为中国特色的社会主义服务的智库。《意见》中要求坚守智库建设的"中国特色"，在遵循智库建设的指导思想、基本原则的基础上，强调智库建设要以服务党和政府决策为宗旨，更好地服务党和国家工作大局，为实现中华民族伟大复兴的中国梦提供智力支撑；要坚持党的领导，把握正确导向；要坚持围绕大局，服务中心工作等。《推进计划》中明确要求"聚焦国家急需，确定主攻方向"，要"围绕完善和发展中国特色社会主义制度、推进国家治理体系和治理能力现代化的总目标"，在经济、政治、文化、社会、生态文明、党的建设、外交与国际问题及"一国两制"实践与推进祖国统一等"关键领域、关键环节以及亟待解决的问题上取得重大突破"。高校智库建设的"中国特色"，摒弃了那种主张思想市场完全市场化而以商业化为目标的趋向，也杜绝了歪曲理解"独立性"而与服务党和国家工作大局相悖的导向。我国高校智库通过加强理论建设，打造"中国学派"；着力战略研究，激扬"中国意识"；重在社会引领，形成"中国话语"；提供政策建言，凸显"中国方案"❷。

着眼"新型"智库，是保持高校智库强大生命力的内在要求。当前高校智库成果参差不齐，其产生的影响力远远不够。其原因在于高校智库研究成果过于学术化，理论性过强，实用性不足，与现实差距较大有关。在构建中国特色新型高校智库过程中，要紧扣"新型"，在服务国家发展、聚焦国家亟须上下功夫。高校智库研究成果要以理论创新为基础，智库成

❶ 瞿振元. 高校智库建设要出思想、出人才，还要育人 [N]. 光明日报，2015-07-07（15）.

❷ 顾海良. 中国特色新型智库建设的高校作用与责任 [J]. 中国高等教育，2015（7）：7-10.

果虽然是基于现实问题和实践需求，但不能脱离自然和人文社会科学的一般理论基础，同时应将理论研究成果转化为公共政策。高校智库成果应以科学决策为目的，体现知识与政策的结合。高校智库研究对象应体现决策咨询研究的问题导向与前瞻性，必须具有实践意义与可操作性，过于理论性和学术性的成果必然制约其应用效果。智库研究成果应当可以"落地"，转化为可执行的政策，且在制度设计上具有合理性。同时，智库研究的过程应成为高校智库人员深度参与公共政策制定的过程，从而体现出知识与权力相结合的可能性与必要性。

3. 创新高校智库内部运行机制，增强高校智库活力

我国高校智库是高校内部的一个内设机构，甚至是内设于二级学院。其运行机制与普通的二级单位相同。高校智库必须打破现有的运行机制，才能充分保证智库的独立性、质量及影响力。

高校智库应该是高校内部机构，同时又具有一定的独立性。首先高校智库应该是一个实体智库，对外可以代表高校，又能独立承担研究任务。在人员配备上，其既要有固定的研究人员（正式编制），也要有国内外交流人员（编外人员），同时还要有一定数量的辅助人员。人员聘任标准与高校内部普通员工的聘任标准应分开，畅通校内外"旋转门"渠道，在内部评价标准上，采用贡献和质量为导向的绩效评估办法，重视智库报告的批示率和成果的采用率，同时引进政府、企业、社会等用户的评价。高校智库还要拓展智库多元化的经费来源，鼓励与政府、企业合作共同开展研究。

我国高校智库还要充分借助 2011 协同创新中心、人文社科重点研究基地、社科专题数据库和实验室等载体，建设各具特色的高校智库。目前，我国高校有 38 个国家级 2011 协同创新中心，超过 300 个省级 2011 协同创新中心，有 151 个教育部人文社科重点研究基地，另外，还有数量和种类繁多的社科专题数据库和实验室。这些载体直接为国家与地方经济建设和社会发展提供智力支持，有的产生明显经济效益，有的转化为国家政策法规，有的成为政府决策参考，切实发挥了智库和智囊团作用。

我国高校智库数量众多，但大多是各自为战，很少协同创新。在对微观问题的研究中，其弊端不易出现。随着智库研究更陡地转向宏观性、战略性问题，这种闭门造车的现状将制约着高校智库成果的质量，高校智库发展必须克服"山头主义"，走向优势互补联合协作。因而，高校智库应该倡导协同创新，通过建立智库联盟（智库群）等形式，打破传统智库组织模式，共同开展重大问题研究。同时与政府智库、民间智库合作，共享数据，分工协作，就我国重大战略性、方向性问题开展协同合作，也为我国智库"抱团出海"、争取国际话语权创造条件。高校智库在建设过程中应有开阔的胸襟，积极开展国际合作，广纳海内外专家学者，"不为所有，但为所用"，既可以吸收国外优秀的智库专家作为高校智库的固定人员，也可以课题项目形式，开展短期访学计划。

4. 重视人才培养，履行大学立德树人职能

人才培养是大学四大职能之一，大学内部的任何组织和活动都要围绕人才培养这个目标。高校智库是我国大学的重要组成部分之一，高校智库在发挥战略研究、政策建言、舆论引导、公共外交重要功能的同时，还要实现人才培养的功能。高校智库在发挥服务社会功能的同时，还应借助此平台培养人才。高校智库的特点决定了该平台培养的人才更具有全局意识，习惯宏观思维，能从国家层面、从实现中华民族伟大复兴的高度对现实问题开展理论研究和实际应用分析，把学术研究和服务社会有机结合起来。

人才培养是高校智库的优势。高校有多学科综合的优势，这为高校智库提供坚强的理论基础；高校有人才集聚的优势，这为高校智库提供了坚强的智力支持；高校青年才俊云集，这为高校智库提供创新源泉。人才培养功能是高校智库区别于政府智库和民间智库的显著标志，也是高校智库优势之所在。高校智库作为大学内部运行机构的一部分，是高校中顶级研究人员集聚之地。这些研究人员在原有深厚学术水平背景下，就现实社会中的公共政策及战略问题开展研究，这些学术造诣深厚的研究人员身边不乏优秀的青年学子。高校智库是一个更加开放的机构，除了吸纳固定的研究人员外，也让高校学生获得参与课题研究的机会。在开展智库研究过程中，这些青年学子学习专业理论，研究现实问题，深度参与研究过程中的灵感碰撞、思想交流，有助于训练学生的理性思考，有助于培养跨学科、复合型人才。在高校智库中"做中学"的学子无形中提升了学术水平，从而提升了人才培养质量。

高校智库应该以培养人才为己任。在坚持高校"核心职能"的前提下，高校智库建设则是人才培养的自然延伸。高校智库在运行过程中，人才培养与高校智库建设并不矛盾，二者相辅相成、互相促进。高水平的高校智库能培养高水平的学生，高水平的学生反过来能促进高水平高校智库的发展。我们应正确处理高校智库建设与人才培养的关系，在推进我国高校智库建设的过程中，防止出现一味追求智库质量和影响力而偏离人才培养这一目标的错误倾向。

创新实践案例

一、案例概况

某高校充分利用校内外资源，建设一批专业特色智库。现有"'三农'问题与食品政策研究中心""能源环境与绿色发展研究中心""大中小学思政课一体化教学研究中心"3个省级高校智库，1个校级科技创新智库。在学校建立一套智库成果评价激励机制，组建智库专家群，组织智库专题培训，引导教师开展调查研究，撰写咨政建议。2023年累计向上级决策咨询部门报送政策建议105份，报送数量较往年实现增长。累计40份获得领导批示、内参刊发和部门采纳应用。

二、问题检视

1. 独立性不强，定位及发展思路不明确

与高校传统的"教学与科研"职能不同，高校"智库建设"往往被理解为一项附属职能，其建设要求也往往是根据高校本身的专业特色优势及长期以来形成的政校关系来确定。目前绝大部分高校智库行政上隶属于高校，本身缺少建设资金和人员安排，因此建设要求和重点主要由高校主要领导的发展思路和既有研究实力储备决定，其目标定位和发展思路更多地受到高校发展思路的影响；研究人员队伍往往是作为学院（职能部门）和智库"双重领导"，管理模式上较为松散。特别是当高校面临重大的传统职能建设要求时，高校智库建设往往会让位于高校"中心工作建设"，导致智库自主服务能力不强，服务质量起伏较大，服务工作不连续、不系统。

2. 研究针对性、前瞻性和应用性不强

高校长期以来给社会以"象牙塔"的形象，与社会联系不足。在承担智库研究任务时，受制于调研访谈等基础性研究条件，高校智库缺少同智

库委托部门特别是同党委政府部门交流的通道，而较多地依赖网络平台等公共性资源查找问题，获得研究主题；在研究范式上，普遍较为严格地遵循"学术研究"路径，强调兴趣驱动，突出在理论和方法等方面的创新。由于研究主题多来源于政府已发布的相关文件，缺少实质性的调研工作，一些高校智库根据政府的媒体指向，集中"瞄准热点"，泛泛而谈、重复研究、"马后炮""大而全"研究层出不穷，但实践性、特色化不足。高校智库这种推进模式往往造成在智库产品的生产过程中对党和政府中心工作认识不足，研究主题针对性和前瞻性不强，问题调查不清晰，最终影响对策应用的有效性。

3. 研究成果转化率低、社会影响力小

目前高校智库普遍存在成果转化率低的问题。党的十八大以来，全国高校哲学社会科学研究人员63万人，出版相关专著11万部，发表论文131万篇，但仅有4.3万份转化为各部委、各级政府咨询报告、政策建议，转化率不到3%；被中央领导、各省部级领导批示或被各级政府写入政策文件的更少。同时，高校智库本身社会影响力也不高。另外，高校智库成果缺少报送渠道，直接渠道仅有《教育部社会科学委员专家建议》，间接渠道基本依赖各级社会科学院内参、各级党委政府政策研究室，相对于其他类型智库报送通道劣势明显。

三、实践创新

1. 全面强化过程管理，确保智库成果产生与政府政策紧密响应

"服务党委政府决策"是高校智库的第一要务，作为高端产品的供给方，高校智库智力产品供给要与党和政府需要紧密对接。首先，高校智库顶层设计需要对接党和政府对智库产品的需求。高校智库产品是由高校人才、学科与所处行业、区域党和政府发展要求共同决定的，需要按照"有所为有所不为"原则，明确智库发展定位和建设任务。其次，高校智库要建立与政府部门对接的长效机制。问题导向是智库研究的根本，要从实际中查找问题，高校智库需跳出传统"象牙塔"思维和"兴趣导向"的科研思维，以党和政府关心的热点问题、人民群体反映的紧迫问题为研究对象，通过紧密对接行业部门，大力开展调研与对策分析，确保研究的有效性。再次，高校智库要强化研究过程管理。智库研究讲究时效性、针对性，提供研究对策的新颖性和前瞻性，因此在保证研究力量的前提下，要

快速稳步推进，要严格框定研究框架，避免思路打架、无病呻吟。最后，高校智库要形成多渠道并存的研究成果报送通道，要充分利用各级政府政策研究部门、各社科研究机构等传统报送通道，也要利用传统媒体、新兴媒体主动营销，引起决策部门注意。要形成成果反馈的闭环，杜绝为成果而成果，紧盯成果去向，及时掌握成果对政策的影响程度及政策推进效果；对于经实践检验效果不好的成果要敢于直面，勇于担当。

2. 强化人才管理，确保智库人才与政府部门全面对接

尖端人才的高度聚集是高校获得智库资格最具决定性的因素。在高校智库人才管理过程中，长期封闭性管理、多头管理、固定思维管理等均在一定程度上影响了智库人才主动走出去、主动沉下来、主动扎实干的热情。为此，首先要确保高校智库人才的相关独立管理权限，要让人才从高校传统的职能中解脱出来，真正做到以智库为发展平台，以智库研究为主要任务，以智库的贡献为个人价值实现手段。其次，要确保高校智库摆脱传统科研机构相对封闭的发展模式，让具备高站位思想、强领悟能力和干事创业热情的一大批研究骨干能真正通过智库平台走入社会，对接政府各部门，收集一线资料，了解和掌握党和政府的工作意图。最后，要建立智库与政府的人才交流机制，要不定期地选派一批研究骨干真正有机会长时间通过挂职锻炼、人才交流等手段深入政府和其他实际工作部门掌握政策发展动态，能做到随时反馈政府工作进展，适时做好智库与政府之间的交流通道，为智库持续获得研究素材提供基础保证。

3. 强化绩效管理，确保智库评价与政府施政效果全面融合

高校智库是咨政建言的高端机构和第三方机构，要充分担当党和政府在相关政策建设方面的职责，并以此作为高校智库绩效评价的依据。首先，对于党和政府关注的重大问题、理论热点及政策需求，高校智库成果的应用导向决定其应当主动承担相关研究任务，并将成果报送党和政府采纳，最终转化为指导社会经济发展的政策体系。高校智库的评价体系需要与党和政府的认可度同步，重点围绕是否得到党和政府采纳，是否真正转化为服务社会经济发展的政策体系。其次，高校智库要充分积极利用第三方身份，以对党和政府的政策建议舆论宣传效果作为一类评价指标。高校智库强大的人才队伍具备知识阵地的优势，其第三方身份更便于其接触社会群体，为此高校智库要利用其阵地平台优势，通过各种媒体渠道，或者直面公众，对公共决策进行理论阐释和全面解读，积极引导公共舆论，让

普通群众能全面、客观、公正地理解政策体系。最后，高校智库也应该及时诊断，找出政策在实施中的弊端。政策推进的不确定性势必导致部分政策目标与实施要求不能完全匹配，甚至可能引起不利于社会经济发展的各种问题。高校智库应该客观公正地面对政策效果，当断就断，及时向主政部门提供建议，减少不良政策推进引起的后果。

参考文献

［1］马克思，恩格斯. 马克思恩格斯文集（第 5 卷）［M］. 中共中央马克思恩格斯列宁斯大林编译局，编译. 北京：人民出版社，2009.

［2］顾海良，罗永宽. 高校党的领导体制建设研究［M］. 北京：中国文史出版社，2011：26.

［3］吴稼祥. 公天下：多中心治理与双主体法权［M］. 桂林：广西师范大学出版社，2013：314.

［4］虞崇胜，唐皇凤. 第五个现代化：国家治理体系和治理能力现代化［M］. 武汉：湖北人民出版社，2015：45.

［5］唐汉琦. 高等教育治理改革的价值研究［M］. 青岛：中国海洋大学出版社，2018：9.

［6］霍雨佳，周若平，钱晖中. 大数据科学［M］. 成都：电子科技大学出版社，2017：48.

［7］薛天祥. 高等教育学［M］. 桂林：广西师范大学出版社，2001：232.

［8］张绍华，潘蓉，宗宇伟. 大数据治理与服务［M］. 上海：上海科学技术出版社，2016：49.

［9］杨兴林. 现代大学治理问题研究［M］. 北京：光明日报出版社，2016：226.

［10］尹晓敏. 利益相关者参与逻辑下的大学治理研究［M］. 杭州：浙江大学出版社，2010：38.

［11］菲利普·阿尔特巴赫. 比较高等教育：知识、大学与发展［M］. 人民教育出版社教育室，译. 北京：人民教育出版社，2001：1，2，33，34，45.

［12］袁贵仁. 深化教育领域综合改革加快推进教育治理体系和治理能力现代化：在 2014 年全国教育工作会议上的讲话［J］. 人民教育，2014（5）：7-16.

［13］李向勇. 建党百年来高校党建历史进程与基本经验［J］. 毛泽东研

究，2021（3）：90-100.

［14］陈正华. 中国高等教育治理：现实还是理想？［J］. 高教探索，
2006（4）：4-8.

［15］沈胜林. 教育现代化背景下我国大学治理体系的审视与反思［J］.
教育理论与实践，2021，41（18）：8-12.

［16］杨小微，游韵. 教育现代化的中国视角［J］. 教育研究，2021，42
（3）：135-148.

［17］袁贵仁. 建立现代大学制度推进高教改革和发展［J］. 中国高等教
育，2000（3）：21-23.

［18］崔炳辉. 整体性治理视域下高职院校治理体系研究［J］. 江苏高教，
2016（3）：148-151.

［19］张德祥. 1949年以来中国大学治理的历史变迁：基于政策变革的思
考［J］. 中国高教研究，2016（2）：29-36.

［20］李立国. 什么是好的大学治理：治理的"实然"与"应然"分
析［J］. 华东师范大学学报（教育科学版），2019，37（5）：1-16.

［21］查吉德. 推动院校治理现代化适应职业教育发展新常态［J］. 中国
职业技术教育，2015（15）：5-9.

［22］孙翠香. 我国高职院校的"善治"：一种理想治理图景的构想［J］.
教育与职业，2020（22）：19-26.

［23］本刊编辑部. 透视国外大学治理经验发展中国特色大学治理体系：
访中国人民大学教育学院副院长李立国［J］. 世界教育信息，2019，
32（3）：42-47.

［24］刘来兵，侯睿琪. 聚焦国家职教战略服务地区人才需求：访温州
职业技术学院校长方益权［J］. 世界教育信息，2020，33（11）：
8-14.

［25］姚荣. 从政策思维走向法治思维：我国高等教育治理现代化的核心
要义［J］. 重庆高教研究，2019，7（3）：49-60.

［26］周建松，陈正江. 高职院校治理体系现代化：理论意涵与实现机
制［J］. 现代教育管理，2016（7）：6-12.

［27］蔡好荻. 治理创新：构建以标准为基础的制度体系［J］. 江西师范
大学学报（哲学社会科学版），2018，51（3）：33-39.

［28］蓝洁，唐锡海. 高职院校治理文化的阐释与建构［J］. 职教论坛，

2018（5）：6-12.

［29］熊德明.大学教师角色冲突诱因与调适策略［J］.高校教育管理，
2015，9（1）：94-99.

［30］陈大兴.制度学逻辑下的高校大部制改革：缘起、挑战与前瞻［J］.
研究生教育研究，2013（1）：1-6.

［31］邱晓雅.高校教师参与决策的困境及机制创新［J］.教育发展研究，
2009，29（3）：82-85.

［32］郭卉.大学治理中教师与行政人员的关系：基于社会资本的研
究［J］.现代大学教育，2005（3）：48-52.

［33］周湖勇.大学有效治理的法理分析［J］.中国高教研究，2014（3）：
8-15.

［34］李巧针.美国大学董事会、校长、评议会权力关系解析及启示［J］.
国家教育行政学院学报，2007（11）：91-95.

［35］张涛.高校编外用工管理存在的问题及对策研究：以河南省为
例［J］.河南社会科学，2013，21（8）：59-60.

［36］史万兵，李广海.协同创新与博士后培养模式的重构［J］.国家教
育行政学院学报，2013（6）：24-27.

［37］汪传艳，任超.我国博士后人才培养：问题与展望［J］.科技管理
研究，2016，36（16）：144-149.

［38］赵俊芳.新中国成立以来我国高校人事制度回溯及评价［J］.中国
高教研究，2019（8）：25-31.

［39］徐苏兰，段鑫星.中国高校教师职称晋升制度变迁的轨迹及逻辑：
基于历史制度主义的视角［J］.江苏高教，2020（3）：50-58.

［40］罗建国.勤工助学的历史考察及现状分析［J］.湖南师范大学教育
科学学报，2003，2（2）：15-17.

［41］钟秉林，王新凤.迈入普及化的中国高等教育：机遇、挑战与展
望［J］.中国高教研究，2019（8）：7-13.

［42］金一斌.大学生参与高校管理：由来、视角、趋势［J］.中国高等
教育，2016（2）：29-32.

［43］韩丽丽，李廷洲.改革开放40年我国高等教育资助体系的回顾与展
望［J］.中国高教研究，2018（6）：29-36.

［44］申天恩.大学生劳动权益与劳动行为的学理论辩［J］.重庆社会科

学，2014（6）：114–119.

［45］谢增毅. 我国劳动关系法律调整模式的转变［J］. 中国社会科学，2017（2）：123–143，208.

［46］吉明明，马金平. 学生参与大学内部管理的理论基础与实践路径［J］. 黑龙江高教研究，2020，38（10）：40–45.

［47］程瑛，刘成. 迈向大数据时代的高校管理创新［J］. 中国行政管理，2016（8）：150–152.

［48］王雷，廖昵，MOVAHEDIPOUR M，等. 大数据驱动的创造共享价值研究［J］. 北京邮电大学学报（社会科学版），2016，18（6）：58–63.

［49］邱泽奇. 技术与组织的互构：以信息技术在制造企业的应用为例［J］. 社会学研究，2005，20（2）：32–54，243.

［50］张勇，陈恩伦，刘佳. 学校教育生态的技术治理审思［J］. 中国教育学刊，2021（4）：17–21.

［51］潘蕊. 论教育治理中的社会参与［J］. 中国教育学刊，2012，5（7）：26–31.

［52］李立国. 大学治理变迁的理论框架：从学术—政府—市场到大学—国家—社会［J］. 清华大学教育研究，2020，41（4）：1–9.

［53］沈亚平，陈良雨. 高等教育治理现代化的生态位困境及优化策略［J］. 中国高教研究，2016（3）：61–65.

［54］王振兴，韩伊静，李云新. 大数据背景下社会治理现代化：解读、困境与路径［J］. 电子政务，2019（4）：84–92.

［55］朱成晨，闫广芬. 精神与逻辑：职业教育的技术理性与跨界思维［J］. 教育研究，2020，41（7）：109–122.

［56］张应强. 从高等教育现代化看高校分层建设和特色发展［J］. 中国现代教育装备，2020（1）：1–3.

［57］宣勇. 我国高等教育治理：体系构建、逻辑审视与未来展望［J］. 国家教育行政学院学报，2015（9）：3–10.

［58］于方，刘延申. 大数据画像：实现高等教育"依数治理"的有效路径［J］. 江苏高教，2019（3）：50–57.

［59］谭九生，杨建武. 人工智能技术的伦理风险及其协同治理［J］. 中国行政管理，2019（10）：44–50.

［60］王长征，彭小兵. 技术治理与制度道德［J］. 自然辩证法研究，2020，36（6）：34-39.

［61］张衡，眭依凡. 大学内部治理体系：现实诉求与构建思路［J］. 高校教育管理，2019，13（3）：35-43.

［62］华起，刘帅. 高校的依法治校与治理体系现代化：协调与共进——我国高校高水平发展的必然选择［J］. 教育教学论坛，2016（45）：9-13.

［63］龙宗智. 依法治校与高校领导体制的改革完善［J］. 北京大学学报（哲学社会科学版），2005，42（1）：140-146.

［64］张蕊. 加强高校领导法治思维培育路径举隅［J］. 学校党建与思想教育，2013（6）：91-92.

［65］王爱民. 关于大学社会职能演变、异化问题的思考［J］. 现代教育管理，2015（5）：50-54.

［66］李林. 论习近平全面依法治国的新思想新战略［J］. 法学杂志，2016，37（5）：1-16.

［67］吴俊明. 论现代中国治理模式的选择：以法治与德治并举为分析视角［J］. 法学杂志，2017，38（5）：28-38.

［68］赵庆年，李国超. 论大学主要职能的演进及对核心职能的坚守［J］. 黑龙江高教研究，2015，33（5）：20-23.

［69］张涛，杨春芳. 从大学职能探析我国高等教育发展方式的转变［J］. 河北师范大学学报（教育科学版），2013，15（7）：68-71.

［70］王景斌，唐吉庚. 依法治校论要［J］. 东北师大学报（哲学社会科学版），2000（2）：1-6.

［71］张振波，金太军. 风险社会视域中的国家治理模式转型［J］. 江海学刊，2017（2）：119-124.

［72］徐德刚. 高校依法治校中存在的问题及其对策［J］. 湖南社会科学，2005（3）：61-63.

［73］周海银. 论大学教师课程建设的教育自觉［J］. 山东师范大学学报（人文社会科学版），2019，64（5）：86-94.

［74］王学俭，石岩. 新时代课程思政的内涵、特点、难点及应对策略［J］. 新疆师范大学学报（哲学社会科学版），2020，41（2）：50-58.

［75］徐蓉.深刻认识全面推进高校课程思政建设的价值目标［J］.马克思主义与现实，2020（5）：176-182.

［76］刘振天.高校课程改革和课程建设切忌重"课"轻"程"［J］.中国高等教育，2017（17）：49-52.

［77］张旭，李合亮.廓清与重塑：回归课程思政的本质意蕴［J］.思想教育研究，2021（5）：116-121.

［78］邬大光."高质量"的底线思维［J］.高等理科教育，2021（4）：前插1.

［79］徐继存.论课程责任及其履行［J］.课程·教材·教法，2018，38（3）：37-43，111.

［80］张华.论课程领导［J］.教育发展研究，2014，33（2）：1-9.

［81］郝德永."课程思政"的问题指向、逻辑机理及建设机制［J］.高等教育研究，2021，42（7）：85-91.

［82］王文.重建中国智库［J］.文化纵横，2014（5）：84-88.

［83］上海社科院智库研究中心.2013年中国智库报告：影响力排名与政策建议［J］.中国科技信息，2014（11）：20-24.

［84］徐晓虎，陈圻.中国智库的基本问题研究［J］.学术论坛，2012，35（11）：178-184.

［85］文少保.高校智库服务政府决策的逻辑起点、难点与策略：国家治理能力现代化的视角［J］.中国高教研究，2015（1）：34-38.

［86］秦惠民，解水青.我国高校智库建设相关问题及对策研究［J］.中国高教科技，2014（4）：15-20.

［87］薛澜，朱旭峰.中国思想库的社会职能：以政策过程为中心的改革之路［J］.管理世界，2009（4）：55-65.

［88］冯兴元.科斯的遗产：开放思想市场，发展真实世界的经济学［J］.理论视野，2013（10）：26-30.

［89］金家厚.民间智库发展：现状、逻辑与机制［J］.行政论坛，2014（1）：56-61.

［90］顾海良.中国特色新型智库建设的高校作用与责任［J］.中国高等教育，2015（7）：6-10.

［91］顾远山.抓好巡视整改，还高校一片净土［N］.中国纪检监察报，2017-06-21（04）.

［92］北京市习近平新时代中国特色社会主义思想研究中心. 深入落实立德树人根本任务［N］. 光明日报，2018-08-21.

［93］姜沛民. 把立德树人内化到大学建设各环节［N］. 人民日报，2018-08-02.

［94］侯定凯. 美国博士后制度调查的启示［N］. 中国科学报，2013-12-05.

［95］财政部，教育部. 不让一个学生因家庭经济困难而失学：国家学生资助政策体系简介［N］. 人民日报，2018-07-31（8）.

［96］熊丙奇. "双一流"建设应落实学校办学自主权［N］. 光明日报，2016-8-8（2）.

［97］刘延东. 发挥高校独特优势，为建设中国特色新型智库贡献力量［N］. 中国教育报，2013-05-31（1）.

［98］李卫红. 高校在新型智库建设中的使命担当［N］. 人民日报，2014-02-16（5）.

［99］瞿振元. 高校智库建设要出思想、出人才，还要育人［N］. 光明日报，2015-07-07（15）.

［100］齐锦卉，贺玉德. 目标管理视角下高等教育管理的优化路径［J］. 河北经贸大学学报（综合版），2023，23（4）：86-90，96.

［101］程莉莉，施建国. 以信息化支撑教育治理体系和治理能力现代化：谈《关于加强新时代教育管理信息化工作的通知》[J]. 中国教育信息化，2021（19）：1-3.

［102］吴宏超，李天航. 面向中国式现代化的教育管理学发展愿景［J］. 现代教育管理，2023（8）：9-18.

［103］苏君阳. 新时代教育治理体系现代化：内涵、特征及其实现路径［J］. 教育研究，2021（9）：120-130.

［104］陈国权，皇甫鑫. 功能性分权与中国特色国家治理体系［J］. 社会学研究，2021，36（4）：1-21.